Liebe Köchinne

diese Ofengerichte sind der absolute Hit!

Am besten legen Sie heute noch los und testen das erste Rezept für Ihre Familie! Alle Gerichte sind mit gängigen Zutaten und schnell und unkompliziert in der Zubereitung.

Wie wäre es mit einem Auberginen-Gratin, oder lieber ein bisschen exotisch? Dann kann ich Ihnen den Bulgur-Dattel-Auflauf oder den Mie-Nudelauflauf ans Herz legen! Für ganz besondere Wünsche bereiten Sie Lachs in Walnusshaube oder Schweinefilet im Speckmantel zu. Oder ganz klassisch: Gemüsepuffer vom Blech. Natürlich dürfen auch Zucchinirollen in Tomatensoße, das Kürbis-Brokkoli-Curry sowie der Leberkäse nicht fehlen! Auch der Schupfnudel-Auflauf ist nicht zu verachten!

Ich gebe Ihnen den Tipp: Essen Sie sich einfach von vorne bis hinten durch das Buch! Jedes einzelne Rezept ist ein „Muss!"

Selbstverständlich habe ich wieder an die Vegetarier gedacht! 44 Gerichte sind vegetarisch bzw. können vegetarisch zubereitet werden.

Alle Fotos sind originalgetreu; ich verwende keine künstlichen Zutaten. Alle Speisen kommen genau so auf das Bild, wie sie zubereitet wurden.

So, und jetzt legen Sie am besten gleich los!

Liebe Grüße und einen guten Appetit!

Christine Haas

Anmerkungen:

Ist bei den Rezepten nichts angegeben, sind die Einstellungen für den TM31 sowie für den TM5/6 identisch. Die Gerichte können mit ein bisschen mehr Zeitaufwand auch ohne TM zubereitet werden!

Die Rezepte wurden mit dem **TM31 / TM5 / TM6 mehrmals getestet.** Die Gerichte reichen für **4 - 6 Personen,** je nach Hunger ☺.

Vegetarische Speisen, bzw. die, die **vegetarisch zubereitet werden können,** sind im Rezeptverzeichnis sowie auf den Fotoseiten mit einem **grünen Stern*** gekennzeichnet.

Abkürzungen:

↶	Linksstufe	ges.	gesamt
D.	Dose	gestr.	gestrichen
Dampfg.	Dampfgaren (Varom.)	getr.	getrocknet
EL/TL	Ess-/Teelöffel	l	Liter
geh.	gehäuft/gehackt	Pr.	Prise
gek.	gekocht	TK	tiefgekühlt
gem.	gemahlen/gemischt	*	für Vegetarier
W.	Würfel		

Die **Zutaten** sind in **fetter Schrift** geschrieben, damit Sie das Rezept für den **Einkauf** nur überfliegen müssen. Bitte lesen Sie das **gesamte Rezept** durch, bevor Sie mit der Zubereitung beginnen.

Ist bei der **Backzeit** nichts angegeben, **Ober- und Unterhitze** verwenden und den Ofen **vorheizen.**

Die **Aufläufe** lassen sich mit etwas Milch oder Sahne gut **aufwärmen. Sahne** gegen **Kochsahne tauschen** bzw. umgekehrt. Viele **Zutaten** lassen sich **beliebig variieren bzw. austauschen.** Entscheiden Sie nach Ihrem Geschmack.

Den **Knoblauch** können Sie ersatzlos weglassen.

Für Vegetarier: Bereiten Sie eine Hälfte fleischlos zu.

Verwenden Sie **Käsesorte/-menge** nach Ihrem Belieben. Ich mische gerne verschiedene Sorten, somit wird das Gericht noch würziger (z.B. Auberginen überbacken, S. 4), deshalb habe ich auch immer Käse in Stücken eingefroren.

Den **Topf** spüle ich zwischen den Gerichten nur, wenn es unbedingt sein muss.

Steht beim **Mehl** keine nähere Bezeichnung, ist es egal, welches Sie verwenden.

Chili-Öl

5 EL (ca. 20 g) Chilischoten zerkleinern.	3 – 5 Sek. / Stufe 8 – 10
120 g Sonnenblumen- <u>**oder**</u> **Olivenöl** unterrühren.	10 Sek. / Stufe 3

In ein Schraubglas füllen und im Kühlschrank lagern.

Achtung: Unbedingt einen Mundschutz tragen und gut lüften.

Ideal für Pizza, Fladen und natürlich für sämtliche Aufläufe. Auch in Kombination mit dem Knoblauchöl (Band 12 Kunterbunt gemixt, S. 32).

Auberginen überbacken

*

Mediterran gibt Elan!

Es sieht nicht nur fantastisch aus, es schmeckt auch so! Die Auberginen sind ganz fix im Backofen!

Kartoffelbrei passt auch hervorragend dazu.

3 Auberginen mit Stängel längs halbieren, Fruchtfleisch bis auf 1 cm mit einem Messer herausschneiden, Hälften in eine gefettete Auflaufform (ca. 33 x 24 cm) legen, mit **1 TL Salz** bestreuen, ca. 15 Min. ziehen lassen. Mit **1 EL Olivenöl** einpinseln und mit **etwas Pfeffer** bestreuen.

Zum Bestreuen:
30 g Raclettekäse, 20 g Parmesan, 30 g Emmentaler
zerkleinern und umfüllen. 2 - 3 Sek. / Stufe 8

Füllung:
100 g Paprikaschoten bunt,
Auberginenfleisch, jeweils in kleinen Würfeln, mit
30 g Olivenöl dünsten. 3 Min. / Dampfg. / ↺ / Stufe 1
100 g Tomaten in Würfeln,
1 D. Kichererbsen (Abtropfgewicht 265 g), gut abgetropft, **60 g Ajvar scharf, 1 TL Salz, ½ TL Pfeffer, ½ TL geräuchertes Paprikapulver, 1 geh. TL Gyrosgewürz** vermischen. ca. 15 Sek. / ↺ / Stufe 1

Auberginen damit füllen, mit Käse bestreuen, **3 – 4 Knoblauchzehen (je mehr, desto besser)** in Scheiben in der Form verteilen und backen.

Backzeit: 200°, ca. 35 Min.

dazu: **geröstetes Baguette** und **frischen Thymian**

Tipp:

Unter die Hälfte der Füllung habe ich 90 g gekochten Reis gemischt; ohne Reis fanden es meine Testesser - und sogar auch ich - viel besser, obwohl für mich gerne eine Sättigungsbeilage dabei sein darf. Bei der Variante mit Reis noch etwas nachwürzen sowie ca. 2 EL Flüssigkeit der Kichererbsen zugeben. (90 g gekochter Reis ≙ 30 g rohen Reis.)
Nur mit Gouda bestreut schmeckt es auch super.

Auberginen-Gratin

*

Heute mal ganz ohne Fleisch und Fisch! Eine schmackhafte Tomatensoße wechselt sich mit Auberginen und Käse ab!

Das ist pure Schlemmerei bei wenigen Kalorien.

Ideal als Vorspeise; als Hauptspeise reicht es für 2 - 3 Personen.

Tipp: Nehmen Sie statt Parmesan 2 Kugeln Mozzarella. Mein persönlicher Favorit: Mozzarella/Parmesan gemischt.

2 Auberginen der Länge nach in dünne Scheiben schneiden, mit **3 - 4 EL Olivenöl** bepinseln, mit **1 TL Salz, etwas Pfeffer** würzen.

Zum Bestreuen:
1 Mozzarella (Abtropfgewicht 125 g), 100 g Parmesan in Stücken zerkleinern und umfüllen. 4 Sek. / Stufe 6

Tomatensoße:
1 große Zwiebel halbiert,
1 Knoblauchzehe zerkleinern. 2 – 3 Sek. / Stufe 6
Mit **20 g Olivenöl** dünsten. 3 Min. / Dampfg. / Stufe 1
500 g passierte Tomaten, 100 g Milch, 1 TL Salz, ¼ TL Pfeffer, 1 TL Oregano zugeben und erhitzen. 5 Min. / 100° / Stufe 2

Auberginen, Soße und Käse in eine gefettete Auflaufform (ca. 33 x 24 cm) schichten. Mit Soße und Käse abschließen und backen.

Backzeit: 200°, ca. 35 – 45 Min., je nach Beschaffenheit der Auberginen bzw. wie weich Sie diese mögen.

Das Gratin backe ich meist 40 – 45 Min.

Servieren Sie **geröstetes Baguette** zum Gratin.

Blech-Spaghetti

*** Vegetarier lassen den Schinken/Speck weg.**

Ein „08/15-Rezept" aber gigantisch im Geschmack, blitzschnell zubereitet und am allerbesten ganz frisch aus dem Backofen!

Ich war am Überlegen, ob dieses schlichte Rezept im Buch Platz finden sollte – da ich es aber einfach allzu gerne mag, möchte ich es Ihnen nicht vorenthalten.

Die Menge lässt sich gut halbieren. Diese backe ich in einer Auflaufform (ca. 20 x 28 cm).

500 g Spaghetti nach Packungsanweisung kochen.

Soße:
2 Knoblauchzehen, 120 g Emmentaler, 120 g Gouda, jeweils
in Stücken, zerkleinern. 5 Sek. / Stufe 8
5 - 6 Eier, 400 g Crème fraîche,
100 g Schmand (siehe Tipp unten),
2½ TL Salz, ½ TL Pfeffer
untermischen. 15 Sek. / Stufe 4

Abgetropfte Nudeln mit Käsecreme vermischen und auf einem gefetteten Blech (ca. 30 x 40 cm) mit Backrahmen verteilen.

Mit **100 g gek. Schinkenwürfeln** und **100 g rohen Schinken- oder Speckwürfeln** bestreuen und backen.

Backzeit: 200°, ca. 10 – 20 Min. – **siehe Tipps**

Mein Liebling: Vegetarisch und nach dem Backen mit viel **Pfeffer/Chiliflocken** und **frischem Thymian** bestreut.

Statt das Gericht vor dem Backen mit Speckwürfeln zu bestreuen, schmeckt es auch super, wenn Sie diese gleich untermischen oder in einer Pfanne anbraten und separat dazu reichen.

Tipp:

Testen Sie die Soße mit Spaghetti vor dem Backen und salzen ggf. nach; je nach Würze des Specks.
Je kürzer Sie das Gericht backen, desto cremiger bleibt es; Links oben auf dem Foto beträgt die Backzeit 20 Min. Somit können Sie das Ganze in Stücke schneiden. Auf dem unteren beträgt die Backzeit 10 Min. Das ist mein Favorit. Hervorragend passt Gurken-/Paprikasalat dazu. Zu den Gurken z.B. den restlichen Schmand untermischen. Haben Sie dafür keine weitere Verwendung, einfach „rein damit“, also einfach zur Soße geben, das schmeckt total gut.

Brokkoli-Lasagne

*** Vegetarier lassen den Schinken weg.**

Cremig fein, genau so muss Lasagne sein!

Kochen Sie den Brokkoli nicht vor, hat er noch etwas Biss. Meine Testesser und auch ich haben die Variante mit vorgekochtem Brokkoli bevorzugt.

Tipp: Übrigen Käse in Stücken einfrieren, so haben Sie jederzeit etwas auf Vorrat und können verschiedene Sorten beliebig mischen. Am besten am Vortag bzw. ein paar Stunden vor dem Zerkleinern aus der Gefriertruhe nehmen.

Zum Bestreuen:
100 g Emmentaler, 100 g Edamer,
jeweils in Stücken, zerkleinern
und umfüllen. 8 Sek. / Stufe 8

Brokkoli:
500 g Wasser in den Mixtopf
gießen. **2 Brokkoli (600 g geputzt gewogen)** in kleinen
Stücken in den Dampfgaraufsatz geben und garen. 15 Min. / Dampfg. / Stufe 1

In eine Schüssel umfüllen.

Bechamelsoße:
80 g Butter, 80 g Mehl,
900 g Milch, 300 g Wasser,
1 TL Gemüsebrühe, 2½ TL Salz,
¼ TL Pfeffer, ¼ TL Muskat,
½ TL Chiliflocken erhitzen. 9 Min. / 90° / Stufe 4

In eine gefettete Auflaufform (ca. 33 x 24 cm) etwas Bechamelsoße geben, restliche Soße mit Brokkoli und **300 g gek. Schinken** in Würfeln vermischen.

Lasagneblätter ohne Vorkochen (ges. ca. 260 g), Soße, Lasagneblätter, Soße, Lasagneblätter, restliche Soße einfüllen, mit Käse bestreuen und backen.

Backzeit: 180°, ca. 45 - 50 Min.

Mit **frisch gemahlenem Pfeffer/Chiliflocken** bestreuen.

Bulgur-Dattel-Auflauf

*

Ein Hauch Orient! Der etwas andere Auflauf!

Lassen Sie sich vom fernöstlich feinen Geschmack überzeugen!

Direkt aus der Pfanne, also ohne Überbacken, sowie auch kalt sehr schmackhaft.

Zum Bestreuen:
150 g Feta in Stücken
zerkleinern und umfüllen. 3 - 4 Sek. / Stufe 4

Bulgur:
1 große Zwiebel halbiert,
1 rote Peperoni (siehe Tipp unten), 2 Knoblauchzehen
zerkleinern. 2 – 3 Sek. / Stufe 6
Mit **10 g Sesamöl** dünsten. 3 Min. / Dampfg. / Stufe 1
280 g Bulgur mitdünsten. 2 Min. / Dampfg. / Stufe 1
750 g heißes Wasser,
10 g Gemüsebrühe zugeben und köcheln. 15 Min. / 90° / Stufe 1

400 g Zucchini, 1½ rote Paprikaschoten gewürfelt, mit **4 EL Sesamöl** in einer Pfanne ca. 5 Min. braten und mit **2 TL Salz, etwas Pfeffer, 2 EL Zitronensaft** und Bulgur vermischen.

200 g Datteln (ohne Stein) in Scheiben ebenfalls untermischen.

In eine gefettete Auflaufform (ca. 33 x 21 cm) streichen, mit **30 g Pistazienkernen** und Feta bestreuen und backen.

Backzeit: 200°, ca. 25 Min.

Tipp: Ich verwende eine frische Peperoni mit 10 cm, so hat der Auflauf gut „Zunder“. Leicht scharf wird er mit einer getrockneten Schote (8 cm). Peperonis sind ja auch unterschiedlich scharf. Dosieren Sie die Menge nach Ihrem Geschmack.

Feigentarte

*

Eine Portion Extrageschmack für den verwöhnten Gaumen!

Die Tarte nach dem Backen mit Honig oder Ahornsirup beträufeln.

Die Menge sieht etwas wenig aus, jedoch sättigt die Tarte sehr. Sie schmeckt auch am nächsten Tag super.

Tipp: Verwenden Sie Ziegenkäse statt Gorgonzola und statt Walnüsse geröstete Pinienkerne. Ich bereite meist eine Hälfte mit Gorgonzola und eine mit Ziegenkäse zu.

1 Rolle Blätterteig (275 g, aus dem Kühlregal) mit dem Papier auf einem Blech mit gefettetem Backrahmen (ca. 37 x 23 cm) auslegen und einen 1 cm hohen Rand hochziehen.

1. Belag:
1 Ei, 200 g Crème fraîche,
etwas Muskat, ¾ TL Salz,
¼ TL Pfeffer unterrühren. 10 Sek. / Stufe 4 – 5

Auf den Teig gießen und vorbacken.

Backzeit: 180°, 22 Min.

2. Belag:
100 g Gorgonzola in kleinen Würfeln auf dem vorgebackenen Teig verteilen. Mit **4 frischen Feigen** in dünnen Scheiben belegen. **30 g Walnüsse** in Stücke gebrochen darauf verteilen und fertig backen.

Backzeit: 180°, ca. 25 - 28 Min.

Mit **1 TL Thymian** bestreuen.

Nicht wundern, der Teig bläht sich während des Backens auf.

Garnelen überbacken

*

Genießen Sie ohne Reue, denn Genuss macht glücklich!

Für dieses erstklassige Gericht stehen Sie wirklich nicht lange in der Küche.

Perfekt auch als Vorspeise oder für Gäste!

Schmeckt aufgewärmt genauso wunderbar.

100 g Gouda in Stücken zerkleinern.	3 Sek. / Stufe 8
250 g Wasser, 230 g Milch, 30 g Mehl, 20 g Butter, 1 TL Gemüsebrühe, ¾ TL Salz, ¼ TL Pfeffer zugeben und vermischen,	5 Sek. / Stufe 5
anschließend erhitzen.	8 Min. / 90° / Stufe 2
1 Eigelb unterrühren.	1 Min. / 90° / Stufe 3

1 - 2 TL frischen, gehackten Dill, 100 g Tomaten gewürfelt, **300 g Partygarnelen,** mit **¾ TL Salz, etwas Pfeffer** gewürzt, mit dem Spatel unterheben, in 7 gefettete Schälchen (9 cm Ø) verteilen und backen.

Backzeit: 180°, ca. 20 - 25 Min.

Servieren Sie zu den Garnelen **geröstetes Baguette;** wobei Nudeln auch prima dazu passen.

Oder die komplette Menge in eine Form (ca. 25 x 17 cm) geben.

Gemüsepuffer vom Blech

*

Der absolute Veggie-Hit!

Gemüse kann so unwiderstehlich gut schmecken!

Dip: Schmand mit **Salz** und **Pfeffer** gewürzt.

Verwenden Sie eine größere Dose Mais, den Rest unter den Schmand mischen.

Preiselbeeren sowie Schnittlauch-Quark (S. 52) passen wunderbar dazu (Foto rechts).

Die Puffer sind auch ohne Käse bestreut ein Genuss. Somit reichen 100 g Käse für das Gericht. Probieren Sie am besten beides aus.

Tipp: Auch in der Pfanne gebraten sehr, sehr lecker, wenn nicht sogar noch besser.

150 g Gouda oder Emmentaler
in Stücken zerkleinern, umfüllen. 5 Sek. / Stufe 8

Puffer:
200 g Zwiebeln halbiert
zerkleinern. 1 - 2 Sek. / Stufe 6
Mit **50 g Butter** dünsten. 3 Min. / Dampfg. / Stufe 1
100 g Käse, **600 g mehligkochende Kartoffeln** (geschält gewogen), **200 g Karotten,** jeweils in Stücken, Käse, **100 g kernige Haferflocken, 30 g Mehl, 2 Eier, 2 TL Salz, ¾ TL Pfeffer** zugeben und mithilfe des Spatels zerkleinern. 5 – 10 Sek. / Stufe 5 – 6

1 kleine Dose Mais (Abtropfgewicht 140 g) mit dem Spatel unterheben.

45 kleine Puffer (je 1 geh. EL) auf 3 mit **Backpapier** belegte Bleche geben und backen.

Backzeit: 200° Umluft, ca. 20 - 25 Min.

Foto unten: Verwenden Sie 200 g Kartoffeln weniger, dafür 100 g Zucchini und 100 g Brokkoli, die weiteren Zutaten wie gehabt, bis auf das Salz (½ TL mehr) und nach Belieben 50 g Mehl zusätzlich.

Tipp: Für die „Null-Bock-Variante“: Streichen Sie 2 große Fladen auf ein mit Backpapier belegtes Blech ☺.

Gemüsequiche

*** Vegetarier lassen den Speck weg.**

Gemüse ganz lecker verpackt!

Variante Foto rechts: Zutaten für den Belag zum Schluss mit dem Spatel untermischen und in die Form geben. Hier zerkleinere ich den Feta anfangs kurz, mische die Hälfte unter die Masse und bestreue die Quiche mit dem Rest.

Dieser „Pepper Cutter“, eignet sich super zum Entfernen des Strunks von Paprikaschoten.

Teig:
250 g Emmentaler
in Stücken zerkleinern. 6 Sek. / Stufe 8
5 Eier, 400 g Sahne,
230 g Milch, 230 g Mehl,
1¼ TL Salz, ¼ TL Pfeffer,
je 1 TL Thymian, Kräuter der Provence, ½ TL Rosmarin
untermischen. 50 Sek. / Stufe 6

In eine gefettete Auflaufform (ca. 33 x 24 cm) geben.

Wie folgt belegen (siehe auch Variante links):

Belag:
1 rote, 1 gelbe Paprikaschote in Streifen, **100 g rohe Schinken- oder Speckwürfel, 1 Stange Lauch (ca. 150 g geputzt gewogen)** in Ringen, **250 g Feta** in Würfeln auf dem Teig verteilen, leicht andrücken und backen.

Backzeit: 180°, ca. 50 – 60 Min.

Wahlweise das Ganze auf einem gefetteten Blech verteilen. Die Backzeit verkürzt sich dann auf 45 Min.

Gnocchi-Auflauf

*

Aufläufe, ob vegetarisch, oder mit feinem Fleisch, garantieren jederzeit eine wunderbare Mahlzeit!

Der Gnocchi-Auflauf ist ganz schnell gemacht und wartet nur noch darauf, gegessen zu werden.

Frisch aus dem Ofen finde ich ihn am allerbesten.

Dieses Rezept ist, wie viele, wieder eine Eigenkreation.

Zum Bestreuen:
150 g Edamer in Stücken
zerkleinern und umfüllen. 6 Sek. / Stufe 8

Soße:
1 kleine Zwiebel halbiert,
2 Knoblauchzehen
zerkleinern. 2 – 3 Sek. / Stufe 6
30 g Butter zugeben
und dünsten. 3 Min. / Dampfg. / Stufe 1
250 g Kochsahne (15 %),
200 g Milch, 50 g Sahnestreich-käse (Schmelzkäse), ¾ TL Salz,
etwas Pfeffer, 10 g Mehl,
etwas Muskat erwärmen. 6 Min. / 90° / Stufe 2

1 Aubergine, 1 dünne Zucchini (ca. 250 g), jeweils der Länge nach halbiert bzw. geviertelt, in dünnen Scheiben, mit **1¼ TL Salz, etwas Pfeffer** würzen.

Soße in eine gefettete Auflaufform (ca. 33 x 24 cm) gießen, **800 g Gnocchi (Kühlregal)** sowie das Gemüse untermischen, mit Käse bestreuen und backen.

Backzeit: 180°, ca. 40 Min.

Gnocchi-Filet-Auflauf

Wenig Zeit und großen Hunger? Der raffinierte Auflauf mit Gnocchi und Filet ist ruck-zuck fertig und frisch aus dem Backofen am allerbesten!

Hier werden auch 6 Personen satt. Zum Aufwärmen Sahne oder Milch zugeben.

Tipp: Möchten Sie ein paar Kalorien sparen, nehmen Sie nur 1 Mozzarella. Statt Schweinefilet schmeckt auch Hähnchen (Foto unten).

Zum Bestreuen:
2 Mozzarella (Abtropfgewicht à 125 g) zerkleinern, umfüllen. 2 – 4 Sek. / Stufe 4

Soße:
200 g Karotten, 100 g Lauch, jeweils in Stücken, **1 Zwiebel** halbiert, **2 Knoblauchzehen** zerkleinern. 3 Sek. / Stufe 6
Mit **20 g Öl** dünsten. 4 Min. / Dampfg. / Stufe 1
1 D. stückige Tomaten (400 g), 150 g Milch, 100 g Sahne, 150 g griechischen Joghurt, 50 g Tomatenmark, 10 g Fleischbrühe, 1½ TL Salz, ½ TL Pfeffer, ½ TL Thymian zugeben und erhitzen. 8 Min. / 100° / Stufe 2

600 g Schweinefilet in kleinen Würfeln mit **40 g Öl, 2 TL Salz, ¼ TL Pfeffer, ½ TL Paprikapulver edelsüß** vermischen und in einer Pfanne anbraten. Fleisch mit Bratensaft und **1,2 kg Gnocchi (aus dem Kühlregal)** in eine gefettete Auflaufform (ca. 33 x 24 cm) geben.

Mit Soße begießen, alles vermischen, Mozzarella darauf verteilen und backen.

Backzeit: 220°, ca. 25 Min.

Mit **Steakpfeffer** bestreuen.

Auf diesem Foto habe ich 2 Kugeln Mozzarella und Schweinefilet verwendet, genau so mag ich den Auflauf am liebsten.

Hackbraten

OMG, der ist ja lecker! Wie lange hat es bei Ihnen schon keinen Hackbraten mehr gegeben?

Ein Klassiker, der bei Ihnen auch bald mal wieder aus dem Ofen hüpfen sollte!

Die Menge lässt sich gut verdoppeln und vorbereiten.

Zum Hackbraten passen Salzkartoffeln, Kartoffelbrei oder Kartoffelsalat. Ganz fein dazu finde ich Karotten und Buttererbsen.

Tipp: Den Sud von Essiggurken verwende ich gerne als Kalklöser, z.B. für Töpfe, Spüle oder im Bad.

Hackbraten:

1½ altbackene Semmeln (ca. 100 g) in kleinen Würfeln mit **60 g heißer Milch** übergießen, verrühren und kurz quellen lassen.

200 g Zwiebeln halbiert, **60 g Gewürzgurken, etwas Petersilie** zerkleinern.	1 - 2 Sek. / Stufe 6
Mit **10 g Butter** dünsten.	3 Min. / Dampfg. / Stufe 1
Semmeln, **600 g gem. Hackfleisch, 20 g Zitronensaft, 2 Eier, 2 TL Salz, ½ TL Pfeffer, ½ TL Cayennepfeffer** mithilfe des Spatels vermischen.	ca. 30 Sek. / ↺ / Stufe 3

Zum Schluss kurz auf Stufe 4 schalten.

In einer gefetteten Auflaufform (ca. 33 x 21 cm) zu einem Laib (ca. 25 x 15 cm) formen und vorbacken.

Backzeit: 180°, 30 Min.

Soße:

250 g Kochsahne (7 %), 150 g Wasser, 50 g Milch, 200 g Crème fraîche, 10 g Fleischbrühe, 1 TL Salz, ¼ TL Pfeffer, 1 TL Paprikapulver edelsüß erhitzen.	8 Min. / 90° / Stufe 1

Über den Braten gießen und fertig backen.

Backzeit: 180°, ca. 15 Min.

Hacksteaks mit Käsekruste

Wer nicht genießt, ist ungenießbar!

Zarte, saftige und herrlich würzige Teilchen!

Ich finde sie auch kalt sehr schmackhaft.

Perfekt als Sättigungsbeilage: Kartoffelbrei oder Rosmarinkartoffeln.

Auf diesem Foto sind nur 6 Steaks, die angegebene Menge ergibt aber 8 Stück.

Käsekruste:
12 schwarze, entsteinte
Oliven hacken. 2 - 3 Sek. / Stufe 5
130 g Feta in Stücken,
Blätter von 5 Stielen Thymian,
etwas Pfeffer vermischen
und umfüllen. 2 - 3 Sek. / Stufe 4

Hacksteaks:
650 g gem. Hackfleisch,
3 Eier, 40 g Paniermehl,
2 TL Salz, ¼ TL Pfeffer
vermischen. 15 Sek. / ↺ / Stufe 3

8 Steaks (à ca. 100 g) formen und in einer Pfanne mit **Öl** bei mittlerer Hitze 10 - 15 Min. braten. Die Steaks mit dem Bratensaft in eine gefettete Auflaufform (ca. 33 x 24 cm) geben. Käsemasse darauf verteilen und grillen.

Backzeit: 200°, ca. 10 Min.

Mit **Thymian** und **Oliven** garnieren.

Gemüse:
2 rote, 2 gelbe Paprikaschoten in Streifen in einer großen Pfanne mit **Öl** ein paar Minuten braten, **800 g dünne Zucchini** mit einem Sparschäler in Streifen geschnitten zugeben und mitbraten.

Mit **2 - 2½ TL Salz, ½ TL Pfeffer, ¼ TL Chiliflocken** würzen.

Tipp: Ist die Pfanne zu klein: die Paprikaschoten fertig braten und herausnehmen, danach die Zucchini braten und anschließend miteinander vermischen.

Hack-Weißkraut-Pflanzerl mit Kohlrabi-Gratin

*** Vegetarier backen nur das Kohlrabi-Gratin.**

Ein genussvoller Moment!

Wie wäre es mit einem leckeren Kohlrabi-Gratin in cremig-würziger Soße, goldbraun überbackenem Käse sowie saftigen Pflanzerln?

Wow, war das fein! Das war der Kommentar meiner Testesser.

Die Pflanzerl schmecken kalt genauso wunderbar!

Tipp: Es reichen auch 100 g Emmentaler; oder bereiten Sie einen Teil ohne Käse zu. Ich persönlich mag es gerne „käsig" und bestreue das Gericht mit 150 g.

Kohlrabi-Gratin:
800 g Kohlrabi (ca. 4 kleine; vorbereitet gewogen) hobeln und in einer gefetteten Auflaufform (ca. 33 x 24 cm) verteilen.

Zum Bestreuen:
100 - 150 g Emmentaler in Stücken
zerkleinern und umfüllen. 6 Sek. / Stufe 8

Soße:
400 g Milch, 100 g Doppelrahmfrischkäse, 30 g Mehl, 2 TL Salz, ¼ TL Pfeffer, etwas Muskat
verrühren. 5 Sek. / Stufe 5
Anschließend erhitzen. 6 - 7 Min. / 90° / Stufe 2

Auf dem Kohlrabi verteilen.

Fleischpflanzerl:
2 große Knoblauchzehen,
150 g Weißkraut in Stücken,
etwas Petersilie zerkleinern. kurz auf Stufe 6
Mit **30 g Öl** dünsten. 5 Min. / Dampfg. / Stufe 1
500 g gem. Hackfleisch, 2 Eier, 40 g Paniermehl, 40 g Röstzwiebeln, 2 leicht geh. TL Salz, ½ TL Pfeffer, 1 TL Paprikapulver edelsüss, ½ TL Paprikapulver rosenscharf unterkneten. 25 Sek. / ↺ / Stufe 3

8 Pflanzerl (ca. 100 g) formen, in der Form verteilen, mit Käse bestreuen und backen. / Backzeit: 200°, ca. 45 Min.

Hähnchen Barbecue

Huhnglaublich, einfach gigantisch im Geschmack!

Mit diesem Gericht punkten Sie sicher bei Ihrer ganzen Familie!

Bleibt Fleisch mit Soße übrig, reichen Sie am nächsten Tag Pommes als Beilage dazu.

Soße:
2 Knoblauchzehen
zerkleinern. 2 – 3 Sek. / Stufe 10
Mit **20 g Öl** dünsten. 3 Min. / Dampfg. / Stufe 1
180 g Tomatenketchup,
40 g Tomatenmark,
90 g weißen Balsamicoessig,
80 g braunen Zucker,
80 g Honig, 40 g Worcester-
sauce, 40 g Dijon Senf,
¾ TL Chiliflocken, 1 TL Salz,
½ TL Pfeffer kochen. 10 Min. / 100° / Stufe 1

750 g Hähnchenfilet in Stücken, gewürzt mit **1½ TL Salz, ½ TL Pfeffer,** in eine gefettete Auflaufform (32 x 22 cm, oval) legen. Soße über die Filets gießen und backen.

Backzeit: 200° Umluft, ca. 25 – 30 Min.

Reis:
1,2 l Wasser (TM31/TM5),
1,3 l Wasser (TM6), 2 TL Salz
in den Mixtopf geben, **300 g ORYZA**
Trigrano®-Reis in den Gareinsatz
wiegen und kochen, den leeren
Dampfgaraufsatz aufsetzen,
damit es nicht überkocht. 30 Min. / Dampfg. / Stufe 1

Tipp:

Nehmen Sie statt ORYZA Trigrano®-Reis herkömmlichen Reis.

Mit einem ¾ TL Chiliflocken wird das Gericht leicht scharf. Dosieren Sie nach Ihrem Geschmack.

Die Soße schmeckt auch zu Gegrilltem super.

Hähnchenfladen

*** Vegetarier lassen das Hähnchen weg.**

Haben Sie Lust auf Pizza, aber es soll nicht der Klassiker sein? Dann testen Sie diesen Fladen! Er ist einfach nur köstlich und mal etwas ganz anderes!

Belegen Sie einen Teil ohne Zwiebeln oder Ananas bzw. fleischlos. Prima schmecken Auberginen als Beilage. Diese brate ich in der Pfanne an.

Meine ehemalige Nachbarin, Annemarie Oblinger, versorgt mich immer mit Gurken, Rote Beete und Salaten sowie auch mit diesen tollen Karotten.

Besonders lecker mit **Chiliöl** beträufelt (Rezept S. 3).

Teig:
450 g Dinkelmehl Type 630, 1½ TL Salz, 2 gestr. TL Trockenhefe, 30 g Olivenöl, 280 g lauwarmes Wasser verkneten. 2 Min. / Knetstufe

Auf einem Blech (ca. 35 x 40 cm) **3 EL Olivenöl** verteilen. Den weichen Teig mit **ca. 1 TL Mehl** bestäuben und mit den Händen flachdrücken. So lange gehen lassen, bis alles vorbereitet ist.

2 Mozzarella (Abtropfgewicht à 125 g) zerkleinern und umfüllen. 2 - 4 Sek. / Stufe 4

Soße:
100 g Parmesan oder Gouda in Stücken zerkleinern, umfüllen. 6 Sek. / Stufe 6

4 Knoblauchzehen zerkleinern. 2 – 3 Sek. / Stufe 10
Mit **40 g Butter, ½ TL Curry** dünsten. 3 Min. / Dampfg. / Stufe 1
40 g Mehl, 100 g Wasser, 250 g Milch, 1 gestr. TL Salz, ¼ TL Pfeffer zugeben, verrühren, 5 Sek. / Stufe 5
anschließend erhitzen. 3 Min. / 90° / Stufe 2
Käse unterrühren. 5 Sek. / Stufe 3

Teig bis an den Rand drücken, Soße darauf verteilen.

Belag:
600 g Hähnchenfilet in Würfeln mit **2 TL Salz, etwas Pfeffer, 3 EL süße Chilisauce** würzen, in einer Pfanne mit **Öl** goldbraun braten, auf der Soße verteilen. **1 D. Ananasstücke (Abtropfgewicht 340 g),** gut abgetropft, ebenfalls verteilen. Mit **1 TL Oregano** bestreuen. Mit **2 - 3 großen roten Zwiebeln** gehobelt belegen (je mehr, desto besser). Mit Mozzarella bestreuen und backen.

Backzeit: 220°, ca. 30 Min.

Kartoffel-Spinat-Auflauf

*

Ei, wie lecker! Ei-nfach gigantisch!

Sie mögen eigentlich keinen Spinat? Dann geht es Ihnen wie mir! Aber bei diesem Auflauf werde sogar ich zum Spinatliebhaber.

Schmeckt auch aufgewärmt ungemein gut.

Aus gutem Grund zählen Kartoffeln zu unseren liebsten Zutaten bzw. Beilagen. Köstlich, nahrhaft und unglaublich vielseitig.

Vielen Dank an Helga Mirlach für dieses leckere Rezept.

Zum Bestreuen:
1 Mozzarella (Abtropfgewicht 125 g) zerkleinern und umfüllen. 2 Sek. / Stufe 4

500 g Wasser in den Mixtopf gießen, **800 g mehligkochende Kartoffeln** (geschält gewogen) in ½ cm dicken Scheiben in den Dampfgaraufsatz geben und kochen. 22 Min. / Dampfg. / Stufe 1

Hälfte in einer gefetteten Auflaufform (ca. 33 x 21 cm) verteilen. Salzen, restliche Kartoffeln darüber geben, nochmals salzen **(ges. 1 TL für die Kartoffeln).**

6 gekochte Eier in Scheiben einschichten, mit **½ TL Salz, etwas Pfeffer** würzen. **450 g gehackten TK-Spinat** auftauen lassen, ausdrücken, ebenfalls darüber verteilen und mit **½ TL Salz** würzen.

Soße:
40 g Butter, 40 g Mehl, 500 g Milch, 10 g Gemüsebrühe, 1¼ TL Salz, ½ TL Pfeffer, 10 g Zitronensaft erhitzen. 6 Min. / 90° / Stufe 4
20 g scharfen Senf, 200 g Schmand unterrühren. 10 Sek. / Stufe 3

Auflauf mit Soße begießen, mit Käse bestreuen, backen.

Backzeit: 200°, ca. 40 Min.

Mit **frisch gemahlenem Pfeffer oder Chili** bestreuen.

Tipp: Den Spinat gebe ich zum Auftauen in ein Sieb mit Teller darunter.

Käse-Birnen-Puffer

*

Ein Stückchen Glück ...oder auch zwei oder drei zum Vernaschen!

Diese Delikatesse dürfen Sie sich wirklich nicht entgehen lassen!

Ich mag die Puffer gerne mit viel Käse, wobei sie auch ohne Belag, also nur in der Pfanne gebraten, sehr gut schmecken. Sie sind auch aufgewärmt sehr köstlich. Backen Sie die Teilchen bei 180° Umluft im Ofen auf.

Tipp: Servietten, die ich für meine Gäste ausgeteilt habe, die aber unbenutzt blieben, landen bei mir nicht im Müll. Diese verwende ich zum Aufwischen, wenn z.B. etwas auf den Boden getropft ist, oder zum Vorreinigen der Teller, die ich anschließend in die Spülmaschine gebe.

Teig:
1 kg festkochende Kartoffeln
(geschält gewogen) in Stücken,
1 kleine Zwiebel halbiert, **1 Ei,**
1 TL Salz, ¼ TL Pfeffer,
20 g Haferflocken kernig,
20 g Speisestärke mithilfe
des Spatels zerkleinern/vermischen. 5 - 8 Sek. / Stufe 5

In einer Pfanne mit **Butterschmalz** ca. 18 Puffer backen. Erst wenden, sobald die Ränder braun werden. Auf mit **Backpapier** belegte Bleche legen.

Belag:
1 große Birne (geschält gewogen ca. 200 g) in Scheiben auf den Puffern verteilen, mit **160 - 180 g Cambozola** in Würfeln bestreuen und backen.

Backzeit: 220° Umluft, ca. 7 – 8 Min.

Mit **Preiselbeeren** garnieren.

Käse-Schinken-Schnitzel

Ein unbeschreiblicher Genuss für alle Sinne! Da wird sich Ihre Familie freuen!

Auf dem Foto rechts oben sind die Schnitzel mit Speck zubereitet, auf den beiden anderen Fotos mit rohem Schinken.

Verwenden Sie Camembert statt Brie. Nudeln passen ebenfalls hervorragend dazu.

Den Topf spüle ich für den Reis nicht.

Soße:
250 g Kochsahne (15 %), 100 g Schmand, 100 g Brie in Stücken, **½ TL Kräuter der Provence, ¾ TL Salz, ½ TL Fleischbrühe, 20 g Tomatenmark, etwas Pfeffer, 1/8 TL Cayennepfeffer** verrühren, 3 Sek. / Stufe 5
aufkochen und umfüllen. 7 Min. / 100° / Stufe 2

1 große Zwiebel gehobelt in eine gefettete Auflaufform (ca. 32 x 22 cm, oval) geben.

5 dünne Putenschnitzel (600 – 700 g) mit **ca. 1½ TL Salz** und **¼ TL Pfeffer** würzen, mit **150 g Brie** in Scheiben belegen und zusammenklappen. Mit **120 – 150 g rohem Schinken oder Speckscheiben** umwickeln, auf die Zwiebeln legen und vorbacken.

Backzeit: 200°, 20 Min.

Soße über das Fleisch gießen und fertig garen.

Backzeit: 200°, ca. 20 Min.

Reis:
1,2 l Wasser (TM31/TM5), 1,3 l Wasser (TM6), 2 TL Salz in den Mixtopf geben, **250 – 300 g Reis** in den Gareinsatz wiegen und garen, den leeren Dampfgaraufsatz aufsetzen, damit es nicht überkocht.

30 Min. / Dampfg. / Stufe 1

Kassler überbacken

*** Vegetarier lassen das Kassler weg, die Soße ist auch ohne Fleisch traumhaft.**

Was versteckt sich da wohl unter der Käsehaube?

So richtig fotogen ist das Gericht nicht, aber dafür so richtig lecker! Das Kassler würde sagen: „Ich schmecke viel, viel besser, als ich aussehe."

Hierfür stehen Sie nicht lange in der Küche. Es lässt sich problemlos vorbereiten.

Kartoffelbrei, Nudeln oder Reis und Salate sind ideale Begleiter zum Kassler.

Nehmen Sie Emmentaler statt Raclettekäse. Mein Favorit ist Raclettekäse - je mehr desto besser.

4 - 6 Scheiben Kassler (400 - 600 g) in eine gefettete Auflaufform (ca. 33 x 21 cm) legen.

Zum Bestreuen:
150 - 200 g Raclettekäse
zerkleinern und umfüllen. 4 - 6 Sek. / Stufe 8

Soße:
1 Zwiebel halbiert,
200 g Lauch in Stücken
zerkleinern. 2 – 3 Sek. / Stufe 5 – 6
Mit **20 g Öl** dünsten. 3 Min. / Dampfg. / Stufe 1
250 g Tomaten halbiert
zugeben und zerkleinern. 5 Sek. / Stufe 6
500 g passierte Tomaten,
2 TL Salz, ½ TL Pfeffer,
¾ TL Cayennepfeffer,
20 g Mehl (mit 150 g Weißwein verrührt), je 1 rote und gelbe Paprikaschote in Streifen
zugeben und erhitzen. 8 Min. / 90° / ↺ / Stufe 1

250 g braune Champignons in einer Pfanne mit Öl braten und zum Kassler geben. Soße auf dem Fleisch verteilen, mit Käse bestreuen und backen.

Backzeit: 200°, ca. 25 - 30 Min.

Tipp: Löffelweise Glück: Die Soße esse ich total gerne fleischlos mit 400 g Champignons als Suppe, hierfür etwas mehr Salz verwenden, ...oder noch besser, mit Käse überbacken und Nudeln oder Reis dazu, so mag ich es am Liebsten. Und auch mit Fleisch: je mehr Champignons, desto besser.

Bereiten Sie einen Teil ohne Käse oder z.B. einen Teil fleischlos zu.

Kritharaki-Nudelauflauf

Ein unkompliziertes und leckeres Rezept! Ausprobieren ist auch hier ein „Muss“!

Tipp: Lassen Sie den Schmand ersatzlos weg, um Kalorien einzusparen. Aber Kalorien werden ja beim Überbacken mit Käse abgetötet, wie jeder weiß ☺.

Zum Bestreuen:	
150 g Gouda in Stücken	
zerkleinern und <u>umfüllen</u>.	6 Sek. / Stufe 8
150 g Feta in Stücken	
zerkleinern und <u>umfüllen</u>.	2 - 4 Sek. / Stufe 3 - 4
Soße:	
1 Zwiebel halbiert, **2 Knoblauchzehen** zerkleinern.	2 - 3 Sek. / Stufe 6
Mit **20 g Öl** dünsten.	3 Min. / Dampfg. / Stufe 1
400 g gem. Hackfleisch zugeben und dünsten.	5 Min. / Dampfg. / ↶ / Stufe 1
450 g Milch, 500 g passierte Tomaten, 300 g frische Tomaten in Würfeln, **10 g Fleischbrühe, 50 g Tomatenmark, etwas Pfeffer, ½ TL Zimt, 2 TL Salz, 2 TL Paprikapulver edelsüß, ¼ TL Paprikapulver rosenscharf** zugeben und kochen.	9 Min. / 90° / ↶ / Stufe 1

Soße, **300 g rohen Nudelreis/Kritharaki (Kochzeit 10 Min.)** in eine gefettete Auflaufform (ca. 33 x 24 cm) geben, vermischen. Mit Feta bestreuen und diesen mit einem Löffel leicht in die Soße drücken. **200 g Schmand** in Klecksen darauf verteilen, mit **1 geh. EL Paniermehl** sowie Gouda bestreuen und backen.

Backzeit: 180°, ca. 35 - 40 Min.

Kürbis-Brokkoli-Curry

*** Vegetarier servieren das Gericht ohne Fleisch.**

Hier ist Schlemmen der ganz besonderen Art angesagt! Freuen Sie sich auf die Kürbiszeit!

Verzichten Sie nicht auf die Granatapfelkerne, sie sind das I-Tüpfelchen, sie verleihen dem Gericht eine exotische Note. Die Kerne sind auch prima als Topping zum Salat.

Ein absolut variables Gericht. Es schmeckt in allen Versionen supergut: ob mit Fleisch, ohne Fleisch, mit bzw. ohne Beilagen.

Servieren Sie statt Couscous Nudeln.

1 kg Kürbisfleisch (Hokkaido) in Stücken, **400 g TK-Brokkoli** (gefroren), in etwas kleinere Stücke schneiden, **1 D. Kichererbsen (Abtropfgewicht 265 g),** gut abgetropft, in einer Bratrohrpfanne (ca. 42 x 33 x 7 cm) oder einem tiefen Blech verteilen.

4 EL Olivenöl, 1½ TL Salz, 1 TL Chiliflocken, 1 EL Sesam untermischen und vorbacken.

Backzeit: 180°, ca. 35 Min.

Backzeit ist abhängig von Größe/Dicke des Gemüses.

200 g Couscous,
20 g Öl dünsten. 3 Min. / 80° / Stufe 1

1 TL Salz, ¼ TL Pfeffer, 300 g kochendes Wasser zugeben, mit dem Spatel verrühren, in eine Schüssel umfüllen und zugedeckt 20 Min. ziehen lassen.

Soße:
2 D. Kokosmilch (à 400 ml),
2 leicht geh. TL Curry,
1½ TL Salz, ½ TL Pfeffer
erhitzen. 5 Min. / 90° / Stufe 2

Über das Gemüse gießen und fertig backen.

Backzeit: 180°, ca. 5 Min.

600 g Puten-Ministeaks in Streifen mit **1 TL Salz, ¼ TL Pfeffer** würzen und in einer Pfanne mit **Öl** goldbraun braten.

Mit den Kernen **eines Granatapfels** bestreuen und zusammen mit Fleisch und Couscous servieren.

Kürbis-Fladen

Absolut ungewöhnlich: Kürbis, Äpfel, Birnen und Zimt, aber gerade ungewöhnliche Kombis machen Gerichte zu etwas Besonderem!

Eine weitere Version finden Sie auf S. 88. Auch hier besteht der Belag aus außergewöhnlichen Zutaten.

Vielen Dank an Gerlinde Neuhäusler für diese beiden Rezeptvariationen.

Tipp: Wer es nicht so süßlich möchte, nimmt 1 Apfel, 1 Birne (geschält gewogen, ges. ca. 350 g), 350 g Kürbisfleisch und 150 – 180 g Zwiebeln. Ich bevorzuge die Variante rechts, am besten mit ganz viel Thymian bestreut.

Teig:
330 g Dinkelmehl Type 630,
200 g Milch, 2 TL Trockenhefe,
¾ TL Salz, 40 g Öl verkneten. 2 Min. / Knetstufe

Auf einem gut gefetteten Blech (ca. 35 x 40 cm) ausrollen.

1. Belag:
100 g Emmentaler in Stücken
zerkleinern. 8 Sek. / Stufe 8
200 g Schmand, 200 g Sauerrahm, 1 TL Zimt, 2 TL Salz,
½ TL Pfeffer unterrühren. 5 Sek. / Stufe 3

Auf den Teig streichen.

2. Belag (siehe auch Anmerkung links):
2 Äpfel, 2 Birnen (geschält gewogen, ges. ca. 600 g), 300 g Kürbisfleisch (Hokkaido), 150 – 180 g Zwiebeln, jeweils gehobelt, nacheinander auf der Soße verteilen; Gemüse nicht würzen. Vorbacken.

Backzeit: 200°, 50 Min.

Mit **ca. 2 TL Thymian bzw. Rosmarin** bestreuen (oder eine Hälfte mit Thymian, eine mit Rosmarin) und fertig backen.

Backzeit: 200°, ca. 5 Min.

Kürbis-Hack-Quiche

Da freut man sich doch auf die Herbstzeit!

Die Quiche finde ich heiß, lauwarm und kalt vorzüglich, natürlich wieder mit Chiliflocken bestreut.

Servieren Sie gemischten Salat dazu.

Durch die Chiliflocken im Belag bekommt die Quiche keine Schärfe, sie ist dadurch nur schön würzig.

Tipp: Hervorragend mit Chiliöl (S. 3) sowie Chili-Paprika-Marmelade (Band 12, S. 6).

Teig:
250 g Mehl, ¾ TL Salz,
130 g Butter in Stücken,
1 Ei, 20 g Milch verkneten. 30 Sek. / Stufe 5

In eine gefettete Springform (26 cm Ø) geben und einen Rand hochziehen.

Belag:
1 Apfel (mit Schale, ca. 150 g)
in Stücken zerkleinern. 1 - 2 Sek. / Stufe 6

400 g gem. Hackfleisch in einer Pfanne mit **Öl** anbraten, **2 TL Salz, ½ TL Pfeffer, 1 gestr. TL Chiliflocken, ½ TL Paprikapulver edelsüß, ¾ TL Majoran** untermischen, aus der Pfanne nehmen. **400 g Kürbisfleisch (Hokkaido)** gehobelt in **Öl** ein paar Minuten braten, Hackfleisch und Apfel untermischen.

Fetacreme:
200 g Feta in Stücken
zerkleinern. 3 Sek. / Stufe 5
200 g Crème fraîche,
2 Eier, 150 g Milch, ½ TL Salz,
¼ TL Pfeffer, ¼ TL Chiliflocken unterrühren. 10 Sek. / Stufe 3

Hälfte Kürbis-Hack-Mischung einfüllen, mit der Hälfte der Fetacreme begießen, Kürbis-Hack, Rest Fetacreme einfüllen und backen.

Backzeit: 200°, ca. 55 – 60 Min.

Kürbis-Ofengemüse mit Schnittlauch-Quark

*

Gemüse kann sowas von lecker sein, hier kriegen Sie auch Gemüsegegner an den Tisch! ...einfach ein Traum!

Schnittlauch-Quark:

2 Knoblauchzehen zerkleinern.	2 – 3 Sek. / Stufe 10
200 g Schmand, 500 g Magerquark, 1 TL Salz, ½ TL Pfeffer, 4 - 5 EL Schnittlauchröllchen untermischen.	ca. 10 Sek. / Stufe 2 - 3

Tipp: Preiselbeeren als Beilage dürfen auf keinen Fall fehlen. Das Gemüse schmeckt auch mit Kürbiskernöl beträufelt. Dieser Quark passt prima zu Kartoffeln. Mischen Sie 50 g Feta zerbröselt darunter.

Kürbis-Ofen-Gemüse:

1 kg Kürbisfleisch (Hokkaido), **2 rote Paprikaschoten,** jeweils in Stücken, **2 große rote Zwiebeln (ca. 300 g), 250 g Karotten**, jeweils gehobelt, **30 g Kürbiskerne** in einer Bratrohrpfanne (ca. 42 x 33 x 7 cm) verteilen. **1 Aubergine** in Scheiben in **Öl** anbraten und zum Gemüse geben.

2 große Knoblauchzehen,
2 Chilischoten (à 2 cm)
zerkleinern. 2 - 3 Sek. / Stufe 10
100 g Olivenöl, 3 TL Salz,
½ TL Pfeffer, 1 TL Thymian,
½ TL Rosmarin vermischen. 5 Sek. / Stufe 3

Auf dem Gemüse verteilen, gut vermischen, vorbacken.

Backzeit: 180°, 15 Min.

250 g Feta in Stücken zerkleinern. 1 - 3 Sek. / Stufe 5

In der Form verteilen und fertig backen.

Backzeit: 180°, ca. 40 Min. (je nach Dicke des Gemüses)

Tipp:

Mit 2 Chilischoten bekommt es eine angenehme Schärfe. Bereiten Sie einen Teil oder das komplette Gericht, z.B. zum Grillen, ohne Feta zu. Variieren Sie das Gemüse beliebig.
Auf dem rechten Foto habe ich nur ½ Aubergine, dafür ½ Zucchini sowie bunte Paprikaschoten verwendet und gleich anfangs schon mit Käse bestreut. Dieser wird dadurch leicht bräunlich.

Kürbisspalten mit Curry-Bolognese

*** Vegetarier: siehe Tipp rechts!**

„Nur“ eine Bolognese-Soße, aber sooo lecker!

Unbedingt mit frisch gemahlenen Chiliflocken servieren.

Klassisch mit Spaghetti, dazu den Dip, oder mit geröstetem Bauernbrot ist die Soße ebenfalls ein Gedicht!

Tipp: Wenn es schnell gehen muss: Bewahren Sie den am Vortag geschnittenen Kürbis in einer Vorratsdose im Kühlschrank auf und backen ihn erst tags darauf. Die Soße lässt sich ebenfalls gut vorbereiten.

Kürbisspalten:
1,2 kg Kürbisfleisch (Hokkaido) in kleinen Stücken, gut vermischt mit **3 gestr. TL Salz, 2 TL Paprikapulver edelsüß, ¾ TL Paprikapulver rosenscharf, 2 – 3 EL Öl,** auf zwei mit **Backpapier** belegte Bleche (ca. 35 x 40 cm) verteilen und backen. (Schmeckt auch mit etwas Koriander bestreut.)

Pro Person benötigen Sie 200 – 300 g Kürbis. Essen Sie nur Kürbis mit Dip, berechnen Sie etwa 400 g pro Person.

Backzeit: 180°, Umluft ca. 20 – 25 Min.

Curry-Bolognese:
400 g Rinderhackfleisch in einer Pfanne mit **Öl** anbraten.

2 Zwiebeln halbiert zerkleinern.	2 – 3 Sek. / Stufe 6
100 g Karotten in Stücken zugeben und zerkleinern.	2 Sek. / Stufe 6
Mit **20 g Butter** dünsten.	3 Min. / Dampfg. / ↺ / Rührstufe
Hackfleisch, **500 g passierte Tomaten, 2½ TL Salz, etwas Pfeffer, ½ TL Zucker** zugeben und garen.	10 Min. / 100° / ↺ / Rührstufe
1 TL Curry, 200 g Sahne zugeben und fertig garen.	3 Min. / 100° / ↺ / Rührstufe

Sour Cream:
100 g Sauerrahm, 200 g Crème fraîche, ½ - ¾ TL Salz, etwas Pfeffer in einer kleinen Schale verrühren.

Der Dip harmoniert auch prima zu Kartoffeln.

Lachs mit Anis und Zitronensauce

*

Lachs und Zitronen sind ein harmonisches Paar. Mit Anis erhalten Sie eine raffinierte und außergewöhnliche Komposition, die megaschnell zubereitet ist!

An aufgetautem Filet haften die Gewürze, vor allem die Anissamen besser. Achten Sie bei der Mehlzugabe darauf, dass Sie dieses nicht direkt auf das Messer geben.

Koche ich Reis als Beilage, gare ich die letzten 15 Min. noch in Scheiben geschnittene Karotten im Dampfgaraufsatz mit. Karotten als Rohkost passen auch perfekt.

Tipp: Für diejenigen, die Anis nicht so gerne mögen: geben Sie die Filets ohne Samen mit in die Form.

6 Lachsfilets mit **1 geh. TL Salz, ¼ TL Pfeffer** würzen, mit **6 TL süßem Senf** bestreichen, mit **2 TL Anis (ganz)** bestreuen und in eine gefettete Auflaufform (ca. 33 x 24 cm) legen.

Soße:

30 g Butter zerlassen.	1 Min. / 100° / Stufe 1
Mit **30 g Mehl** anschwitzen.	2 Min. / 100° / Stufe 1
500 g Milch, 150 g Wasser, 1 TL Salz, ½ TL Pfeffer, ½ TL Zucker, Saft einer Zitrone (ca. 40 g) zugeben und verrühren.	10 Sek. / Stufe 5
Anschließend erhitzen.	4 - 5 Min. / 90° / Stufe 2

Vorsichtig in die Form gießen und backen.

Backzeit: 180°, ca. 25 Min.

Servieren Sie **Salzkartoffeln** oder **Reis** sowie **Salate** zum Fisch.

Lachs mit Walnusshaube

Wow, das hat definitiv Restaurantqualität! Ein tolles Gericht schnell und unkompliziert gezaubert!

Schmeckt aufgewärmt sehr gut und ist kalt ein ganz besonderer Genuss.

Für Gäste: Erhöhen Sie die Menge beliebig und bereiten Sie den Belag vor. Es klappt auch mit gefrorenem Lachs, jedoch haften die Gewürze sowie der Belag bei aufgetautem Fisch viel besser.

Ich esse zu jedem Gericht gerne eine Sättigungsbeilage, aber hier reicht mir sogar ein Salat dazu; wobei... Kartoffelbrei zum Lachs auch nicht zu verachten ist.

Tipp: Zitronen bleiben viel länger frisch, wenn Sie diese in eine Serviette gewickelt im Kühlschrank lagern.

Belag:
3 Scheiben Toastbrot
getoastet, in Stücken,
70 g Walnüsse zerkleinern. ca. 3 Sek. / Stufe 6
60 g weiche Butter, **¼ TL Salz,**
¼ TL Pfeffer, ½ TL Zitronenschale,
½ TL Dill, Saft einer kleinen
½ Zitrone untermischen. ca. 8 Sek. / Stufe 4

4 Lachsfilets (aufgetaut) **mit ¾ TL Salz, ¼ TL Pfeffer** würzen, in eine mit **Backpapier** belegte Auflaufform (ca. 20 x 28 cm) legen, mit je **½ TL scharfem Senf** bestreichen, Belag darauf verteilen, leicht andrücken bzw. mit einem Messer verstreichen, mit **frischem Dill** bestreuen, backen.

Backzeit: 180°, ca. 25 Min.

Servieren Sie **verschiedene Salate, Rote Beete** und **Kartoffelbrei** zum Lachs. Für die Salate verwende ich gerne die Balsamico-Honigsoße aus Band 9, S. 102.

Leberkäse

Schnelle, einfache Zubereitung und ganz fix im Ofen!

Eine Leberkäsesemmel geht immer, eine deftige Mahlzeit, die allen schmeckt.

Warm mit Kartoffelsalat serviert und auch kalt zur Brotzeit, Leberkäse ist ein echter Genuss.

Das Brät bestelle ich in der gewünschten Menge beim Metzger. Leberkäse lässt sich sehr gut vorbereiten. In die Form füllen und bis zum Backen im Kühlschrank aufbewahren.

<u>Pizzaleberkäse (Foto links)</u>:
150 g Emmentaler, 30 g Essiggurken, 30 g Salami, 50 g Paprikaschoten rot, 50 g Paprikaschoten gelb, jeweils in Stücken, zerkleinern. ca. 3 - 4 Sek. / Stufe 5 – 6

750 g rotes Leberkäsbrät, 50 g rohe Schinken- oder Speckwürfel, 15 g scharfen Senf, 2 TL Pizzagewürz, ½ TL Pfeffer zugeben und unterrühren, mit dem Spatel kräftig mitrühren. ca. 20 Sek. / ↺ / Stufe 4

<u>Zwiebelleberkäse (Foto unten)</u>:
750 g rotes Leberkäsbrät, 50 g Röstzwiebeln mithilfe des Spatels vermischen. ca. 15 Sek. / ↺ / Stufe 4

Nochmals mit dem Spatel durchrühren und die Teige jeweils in eine gefettete Kastenform (ca. 25 cm) füllen, kreuzweise einschneiden und backen.

Backzeit: 180°, ca. 70 Min.

Leberkäse-Nudel-Auflauf

*** Vegetarier lassen den Leberkäse weg.**

Ein bayerischer Auflauf mit einem Touch Italien!

Sicher wird es auch eines Ihrer Lieblingsgerichte werden.

Die Fans der mediterranen Küche bereiten das Gericht statt mit Leberkäse mit getrockneten Tomaten sowie Oliven zu: dafür 10 getr. Tomaten, 20 schwarze Oliven, jeweils in feinen Streifen/ Scheiben untermischen.

50 g Emmentaler, 50 g Gouda
oder 100 g Parmesan in Stücken
zerkleinern und umfüllen. 5 Sek. / Stufe 8

Soße:
2 Zwiebeln halbiert, **2 Knob-**
lauchzehen, 5 getrocknete,
in Öl eingelegte Tomaten
zerkleinern. 2 - 3 Sek. / Stufe 6
Mit **30 g Öl** dünsten. 3 Min. / Dampfg. / Stufe 1
650 g Wasser, 200 g Sahne,
200 g Schmand, 400 g Milch,
3 TL Salz, ½ TL Pfeffer,
10 g Fleischbrühe erhitzen. 10 Min. / 90° / Stufe 1
Käse unterrühren. 5 Sek. / Stufe 5

500 g Barilla Gemelli n.90 (roh, Kochzeit 10 Min.), 400 g roten Leberkäse in Würfeln in eine gefettete Auflaufform (ca. 33 x 24 cm) geben, mit Soße begießen und backen.

Backzeit: 180°, ca. 48 - 50 Min.

Komplett durchrühren und sofort servieren.

Tipp:

Nicht wundern, der Auflauf sieht nach dem Backen etwas trocken aus, deshalb gut durchrühren und anschließend genießen!
Aufgewärmt mit etwas Milch oder Sahne schmeckt er genauso köstlich. Besonders gut mit diesen Nudeln. Ich bevorzuge Emmentaler und Gouda.
Auch ohne Leberkäse, Tomaten und Oliven finde ich den Auflauf wunderbar. Meistens bereite ich ein Drittel mit Leberkäse, eines mit Tomaten und ein Drittel pur zu.

Linsenlasagne

*** Vegetarier lassen die Cabanossi weg.**

Jede Schicht ist ein Genuss für sich!

Der Klassiker etwas abgewandelt. Ganz frisch aus dem Ofen schmeckt die Lasagne am allerbesten! Sie eignet sich auch zum Einfrieren.

Probieren Sie doch auch die vegetarische Variante oder bereiten die Lasagne halb halb zu. Ohne Cabanossi noch mit Chiliflocken, Pfeffer und evtl. etwas Salz nachwürzen. Wobei ich es immer gerne etwas schärfer mag und so gut wie jedes Gericht mit Chili bestreue.

Alternativ können Sie die Cabanossi auch in der Pfanne anbraten und separat dazu reichen. Statt Cabanossi schmecken auch Wiener.

Vielen lieben Dank an Gabi Pohn für dieses Rezept.

150 g Gouda in Stücken
zerkleinern und umfüllen. 4 Sek. / Stufe 6

350 g Lauch (ca. 2 Stangen)
in Stücken zerkleinern
und umfüllen. ca. 1 - 3 Sek. / Stufe 5

Soße:
500 g Tomaten halbiert
zerkleinern und umfüllen. 5 Sek. / Stufe 6
150 g Karotten in Stücken
zerkleinern. 2 Sek. / Stufe 6
20 g Butter, Lauch zugeben und dünsten. 3 Min. / Dampfg. / ↺ / Stufe 1
200 g rote Linsen,
100 g Wasser mitdünsten. 3 Min. / Dampfg. / ↺ / Stufe 1
Nochmals **500 g Wasser,**
Tomaten, **10 g Gemüsebrühe** zugeben, kochen. 20 Min. / 100° / ↺ / Stufe 1
120 g Crème fraîche,
20 g dunklen Balsamicoessig,
2 TL Salz, etwas Pfeffer,
¾ TL Chilipulver erhitzen. 5 Min. / 100° / ↺ / Stufe 1

1 - 2 Cabanossi in kleine Stücke schneiden (ich nehme meistens 2 Stück).

Linsensoße, Cabanossi und **Lasagneblätter ohne Vorkochen (ges. 250 g)** abwechselnd in eine gefettete Auflaufform (ca. 33 x 24 cm) schichten, mit Soße beenden.

80 g Crème fraîche in kleinen Tupfen verteilen, mit Gouda bestreuen, **20 g Butter** in Flöckchen darüber geben und backen.

Backzeit: 180°, ca. 45 Min.

Mie-Nudelauflauf exotisch

*** Vegetarier lassen das Fleisch ersatzlos weg oder verwenden mehr Tofu.**

Ein Hauch von Exotik! Dieses raffinierte Gericht hat absolut das Zeug zum Lieblingsessen. Sicherlich wird es auch Ihr Favorit werden!

350 g Mie-Nudeln nach Packungsanleitung in Salzwasser zubereiten und abgetropft in einer gefetteten Auflaufform (ca. 33 x 24 cm) verteilen.

200 g Räucher-Tofu in kleinen Würfeln, **200 g Ananasstücke aus der Dose (Saft auffangen!), 1 Glas Bambussprossen (Abtropfgewicht 175 g),** jeweils gut abgetropft, auf die Nudeln geben. **250 g Hähnchenfilet** in kleinen Würfeln mit **¾ TL Salz, etwas Pfeffer** würzen, in einer Pfanne mit **Sesamöl** braten und zum Auflauf geben.

2 Bund Frühlingszwiebeln in Stücken (etwas für die Dekoration beiseite legen) zerkleinern. knapp 1 Sek. / Stufe 6

In der Form verteilen, alles vorsichtig vermischen.

Soße:
4 Eier, 200 g Sahne, 550 g Milch,
100 g Ananassaft, 80 g Sojasauce,
80 g süße Chilisauce (Fertigprodukt),
2 - 2½ TL Salz, ½ TL Pfeffer,
1½ TL Curry, ¾ TL Chiliflocken,
¼ TL Cayennepfeffer,
20 g Sesamöl vermischen. 10 Sek. / Stufe 5

Über die Nudeln gießen.

Zum Bestreuen:
50 g weiche Butter,
30 g Paniermehl,
30 g Sesam vermischen, mit Sichtkontakt auf Stufe 4

Auflauf damit bestreuen und backen.

Backzeit: 200°, ca. 30 Min.

Mit **Lauchzwiebeln, Chili- und Sojasauce** servieren.

Tipp: Hier werden auch 6 Personen satt. Sind Sie kein Freund von Tofu, nehmen Sie nur Hähnchen- oder Putenfilet.

Nudel-Hähnchen-Auflauf

*** Vegetarier lassen die Hähnchenwürfel weg.**

Ein sehr cremiger, gigantischer Auflauf der gut sättigt!

Tipp: Am besten mit Raclettekäse, Doppelrahmfrischkäse, Fleischbrühe und ohne Hähnchen, ich mische noch 80 g Rosinen unter den Auflauf – das ist mein absoluter Favorit. Probieren Sie es aus! Bereiten Sie am besten verschiedene Varianten zu.

2 Mozzarella (Abtropfgewicht à 125 g) oder 200 g Raclettekäse zerkleinern und umfüllen. 2 – 4 Sek. / Stufe 4

Soße:
2 Knoblauchzehen,
200 g Lauch in Stücken,
etwas Petersilie zerkleinern. 1 – 2 Sek. / Stufe 6
Mit **30 g Öl** dünsten. 3 Min. / Dampfg. / Stufe 1
250 g Kochsahne (7 %), 100 g Milch, 150 g Doppelrahmfrischkäse oder Ziegenfrischkäse, 30 g Mehl (mit 100 g kaltem Wasser verrührt), 950 g Wasser, 15 g Fleisch- oder Gemüsebrühe, 20 g Sojasauce, 3 TL Salz, ½ TL Pfeffer
zugeben und erhitzen. 10 Min. / 90° / Stufe 2

500 g rohe Nudeln (Barilla Fusilli Bucati Corti n.145, Kochzeit 10 Min.) oder Penne Rigate n.73 (Kochz. 11 Min.) in eine gefettete Auflaufform (ca. 33 x 24 cm) geben.

400 g Hähnchenbrustfilet (oder: Pute und Hähnchen gemischt) in kleinen Würfeln mit **2 gestr. TL Salz, ¼ TL Pfeffer** würzen, in einer Pfanne mit **Öl** scharf anbraten, auf den Nudeln verteilen, mit der flüssigen Soße begießen, mit Käse bestreuen und backen.

Backzeit: 200°, 30 Min., auf 180° herunterschalten und in weiteren ca. 7 - 10 Min. fertig backen.

Als Beilage eignet sich jegliche Art von Salaten.

Auf dem Foto finden Sie wieder die leckeren Karottensorten von Frau Oblinger.

Nudel-Käse-Auflauf

*

Ein richtiger Sattmacher, den Sie lieben werden!

Servieren Sie zum Auflauf Tomaten- und Gurkensalat.

Tipp: Reste von Mascarpone, Gruyère und Blauschimmelkäse friere ich auf Vorrat ein.
Die Nudeln schmecken auch ohne Überbacken sehr gut, somit spart man sich den Käse zum Bestreuen. Auch prima mit „Schleiferlnudeln" (Barilla Farfalle n.65).

500 g Makkaroni nach Packungsanweisung kochen.

Nudelwasser auffangen, Nudeln in eine gefettete Auflaufform (ca. 33 x 24 cm) geben.

Zum Bestreuen:
100 g Parmesan in Stücken,
1 Mozzarella (Abtropfgewicht 125 g) zerkleinern
und umfüllen. 2 - 3 Sek. / Stufe 8

Soße:
30 g Butter schmelzen. 1 Min. / Dampfg. / Stufe 1
Mit **1 geh. TL Thymian oder Dill** dünsten. 1 Min. / Dampfg. / Stufe 1
120 g Mascarpone, 120 g Blauschimmelkäse, 50 g Gruyère, jeweils in Stücken, 600 g Nudelwasser, **¾ TL Salz, ½ TL Pfeffer, etwas Muskat, 20 g Speisestärke** vermischen, 10 Sek. / Stufe 5
anschließend erhitzen. 4 Min. / 90° / Stufe 2

Soße über die Nudeln gießen, vermischen. Mit Käse bestreuen und backen.

Backzeit: 220°, ca. 20 Min.

Mit **Thymian oder Dill** bestreuen.

Pilzbolognese al Forno

*

Eine Soße/Auflauf der absoluten Extraklasse!

Hier kommen auch Veggie's wieder voll und ganz auf ihre Kosten und Fleischesser merken gar nicht, dass kein Fleisch im Gericht ist.

Die Soße lässt sich gut vorbereiten: nur noch erwärmen, Nudeln dazu, Käse darüber und ab in den Backofen.

Tipp: Auch mit Spaghetti eine absolut traumhafte Kombination, dazu geriebenen Parmesan oder Emmentaler. Bei mir gibt es meist eine Hälfte überbacken, z.B. in kleinen Portionsförmchen und die andere Hälfte als Spaghetti Bolognese.

400 g braune Champignons geviertelt bzw. geachtelt auf einem mit **Backpapier** belegten Blech verteilen, backen.

Backzeit: 180°, 25 Min.

20 g getr. Steinpilze mahlen und umfüllen.	20 Sek. / Stufe 10
40 g Olivenöl, 150 g Zwiebeln, 30 g Sellerie, 50 g Lauch, 50 g Karotten, jeweils in Stücken, zerkleinern.	5 Sek. / Stufe 5
Ab hier ohne Messbecher dünsten.	6 Min. / Dampfg. / ↺ / Stufe 1
Champignons zugeben und zerkleinern.	1 - 3 Sek. / Stufe 5
Mit **20 g Tomatenmark, 70 g Weißwein** dünsten.	5 Min. / Dampfg. / ↺ / Stufe 1
500 g passierte Tomaten, 100 g Wasser, 2 TL Salz, ½ TL Pfeffer, 1 TL Gemüsebrühe, 1 TL Zucker, 1 gestr. TL Oregano, Steinpilze zugeben und garen, Messbecher wieder aufsetzen.	15 Min. / 100° / ↺ / Stufe 2

Als Auflauf: Zur Soße weitere **120 g Wasser** geben, evtl. nachwürzen, mit **400 g gekochten Nudeln (z.B. Barilla Penne Rigate n.73)** vermischen - die Nudeln sollten noch „Biss“ haben, mit **ca. 150 g Emmentaler (6 Sek. / Stufe 8)** bestreuen und backen. Käse am besten gleich nach den Steinpilzen zerkleinern.

Backzeit: 250°, ca. 10 - 15 Min.

Tipp:

Krautsalat (Band 6, S. 48) passt hervorragend dazu.

Die Soße eignet sich gut zum Einfrieren und ist auch ohne Überbacken ein Traum!

Pizza Calzone

Für alle Freunde
der italienischen Küche!

Diese Pizza wird es künftig regelmäßig auf Ihren Tisch schaffen!

Teig:
500 g Dinkelmehl Type 630,
1 W. Hefe, 1 TL Salz,
100 g Oliven- <u>oder</u> Sonnenblumenöl, 250 g lauwarmes Wasser verkneten. 3 Min. / Knetstufe

Umfüllen und ca. 1 Stunde gehen lassen.

Fortsetzung von linker Seite:

1 Mozzarella (Abtropfgewicht 125 g)
zerkleinern, umfüllen. 2 Sek. / Stufe 4

1 kleine Zwiebel zerkleinern. 2 – 3 Sek. / Stufe 6
Mit **20 g Öl** dünsten. 3 Min. / Dampfg. / Stufe 1
1 D. gehackte Tomaten (400 g), 1 EL Pizzagewürz, 1 TL Oregano, ¾ TL Salz, ¼ TL Pfeffer zugeben, ohne Messbecher kochen, Gareinsatz als Spritzschutz auflegen. 10 Min. / 100° / Stufe 1

Umfüllen, damit sie etwas abkühlen kann.

400 g braune Champignons in Scheiben, **1 große Zwiebel** gehobelt in einer Pfanne mit **Olivenöl** dünsten, **¼ TL Salz, etwas Pfeffer** untermischen.

Hälfte Teig (440 g) auf einem mit **Backpapier** belegten Blech (ca. 35 x 40 cm) ausrollen (ca. 30 x 38 cm), mit Soße bestreichen, dabei 1 cm Rand freilassen.

Mit **250 g gek. Schinken** in Streifen, **50 g scharfe Salami** in Streifen (ich nehme gerne die Salamisticks), Mozzarella und Champignons belegen, mit **1 TL Pizzagewürz** bestreuen. Restlichen Teig ausrollen und auflegen, Rand umschlagen und andrücken. Weitere 10 Min. abgedeckt gehen lassen. Mit **1 Tomate (ca. 150 g)** und **1 Mozzarella (Abtropfgewicht 125 g),** jeweils in dünnen Scheiben, belegen. Tomaten leicht **salzen,** mit **2 EL Öl** beträufeln und backen.

Backzeit: 200°, ca. 40 Min. / Mit **1 TL Pizzagewürz** bestreuen.

Pizza mal anders

*** Belegen Sie die Pizza vegetarisch.**

Niemals hätte ich gedacht, dass eine Pizza mit Blumenkohlboden dermaßen gut schmeckt!

Die Soße ist meine Standardsoße für fast alle Pizzen.

Tipp: Belegen Sie die Pizza nach Ihrem Wunsch bzw. für jeden sein eigenes Stück mit seinen Lieblingszutaten. Zur Hähnchenpizza passt gut Barbecue-Soße.

Zum Bestreuen:
2 Mozzarella (Abtropfgewicht à 125 g) zerkleinern, umfüllen. 2 – 4 Sek. / Stufe 4

Boden:
350 g Emmentaler in Stücken zerkleinern und umfüllen. ca. 8 Sek. / Stufe 8

450 g Blumenkohl (geputzt gewogen) zerkleinern. 2 - 3 Sek. / Stufe 6
Mit **30 g Öl** dünsten. 8 Min. / 100° / Stufe 1
Käse, **2 Eier, 1 TL Basilikum, 1 TL Oregano, 1 TL Salz** untermischen. 10 Sek. / Stufe 4

Auf ein mit **Backpapier** belegtes Blech (ca. 35 x 40 cm) verteilen und vorbacken.

Backzeit: 180°, 40 Min.

Soße:
70 g Tomatenmark, 15 g Sonnenblumenöl, 15 g Wasser, 1 geh. TL Pizzagewürz, 1/8 TL Salz in einer Schüssel verrühren, den vorgebackenen Boden damit bestreichen.

Belag:
200 g Hähnchenfilet in Würfeln mit **ca. ¾ TL Salz, etwas Pfeffer** würzen und in einer Pfanne mit **Öl** braten.

Eine Hälfte mit **100 g gek. Schinken, 30 g Salami, je 30 g roten und gelben Paprikaschoten** in Streifen, **½ Zwiebel** gehobelt belegen. Die zweite Hälfte mit Hähnchenwürfeln belegen. Auf die komplette Pizza **100 g braune Champignons** in Scheiben verteilen, mit Mozzarella und **1 TL Pizzagewürz, ½ TL Oregano** bestreuen und fertig backen.

Backzeit: 180°, ca. 25 - 30 Min.

Potthucke

*** siehe Tipp unten!**

Davon hätte ich jetzt gerne ein großes Stück!

Ein herzhafter Genuss, kinderleicht gezaubert.

Die Variante mit Speck und Zwiebeln ist ein typisches Kartoffelgericht aus dem Sieger- bzw. Sauerland.

Meine Testesser bevorzugten alle die Variante mit Debreczinern. Statt im Ganzen können Sie die Würstchen auch in Scheiben schneiden.

Servieren Sie das Gericht mit gemischtem Salat.

Tipp: Backen Sie die Masse ohne Würstchen bzw. Speck. So passt es als Beilage auch gut zu Fleischgerichten mit Soße. Kalt in Scheiben geschnitten und in der Pfanne mit Öl angebraten, schmeckt die Potthucke ebenso.

Zum Bestreuen:
130 g Parmesan in Stücken zerkleinern und umfüllen. 10 Sek. / Stufe 10

1,2 kg mehligkochende Kartoffeln (geschält gewogen) in kleinen Stücken, **2½ TL Salz, etwas Pfeffer,** 50 g zerkleinerten Parmesan, **150 g Mehl, 2 Eier** zerkleinern, dabei kräftig mit dem Spatel mitrühren. ca. 10 – 15 Sek. / Stufe 5

Evtl. nochmals mit dem Spatel vermischen und kurz mixen.

Die Hälfte der Masse in eine gefettete Auflaufform (ca. 33 x 24 cm) streichen, **8 scharfe Debrecziner** verteilen **(alternativ** wahlweise auf eine Hälfte 4 Stück geben, die andere Hälfte fleischlos belassen oder die Variante, wie unten beschrieben, zubereiten). Mit der restlichen Masse bestreichen, mit Parmesan bestreuen und backen.

Backzeit: 200°, ca. 35 – 40 Min.

Variante mit Speck:
1 kleine Zwiebel zerkleinern, zusammen mit 150 g rohen Schinken- oder Speckwürfeln in einer Pfanne mit Öl braten und auf der Masse verstreichen.

Puten-Camembert-Schnitzel

Soll es heute etwas Besonderes sein? Dann bereiten Sie dieses Gericht zu!

Meine Testesser hatten „Extrawünsche", die ich gerne erfülle. Mein Papa mag keine Zwiebeln, meine Cousine Catherina keine Ananas. Gut, dass man bei den Gerichten je nach Geschmack variieren kann.

Meistens bereite ich das Gericht mit 750 g Fleisch zu, da es sich super zum Aufwärmen eignet. Auf diesem Foto hatte ich 600 g Fleisch, 200 g Brie, restliche Zutaten unverändert. (Auflaufform: ca. 32 x 22 cm, oval).

750 g Putenschnitzel **<u>oder</u>** **Hähnchenfilet (siehe Tipp links)** mit **ca. 1½ TL Salz** und **½ TL Pfeffer** würzen, in einer Pfanne mit **Öl** von beiden Seiten scharf anbraten; das Fleisch muss nicht durchgebraten sein. In eine gefettete Auflaufform (ca. 33 x 24 cm) legen.

Mit jeweils 1 Scheibe Ananas **(ges. 1 D. Ananas, Abtropfgewicht 340 g)** und **250 g Camembert** in Scheiben belegen.

1 Zwiebel (120 - 150 g) gehobelt in einer Pfanne mit **Öl** bräunen und auf dem Käse verteilen.

Soße:
200 g Wasser, 400 g Milch, 10 g Fleischbrühe, 1 TL Salz, ¼ TL Pfeffer, 30 g Mehl verrühren 5 Sek. / Stufe 5; erhitzen 5 Min. / 90° / Stufe 1

Mit Soße begießen, restliche Ananas in Stücken in der Soße verteilen und backen.

Backzeit: 180°, ca. 20 – 25 Min.

Servieren Sie die Schnitzel mit Reis. Ich nehme gerne zweierlei Sorten. Hier hatte ich zur Hälfte **ORYZA Trigrano®-Reis**. Diesen als erstes in den Gareinsatz füllen. (Nicht vergessen, der Reis muss komplett durchnässt sein. Da das Umrühren bei 2 Sorten nicht klappt, zuerst den Gareinsatz einhängen und das Wasser langsam zugießen.)

Die Schnitzel schmecken auch mit Nudeln oder Kartoffeln. **Preiselbeeren** sind ein absolutes „Muss“ dazu.

Reisauflauf

*** Vegetarier bereiten den Auflauf ohne Schinken zu.**

Geringer Aufwand, maximaler Genuss!

Einfache Zutaten, einfache Zubereitung und trotzdem oder gerade deshalb super im Geschmack.

Wer es noch würziger mag, bestreut den Reis mit frisch gemahlenem Chili und/oder Pfeffer. Servieren Sie zum Auflauf gemischten Salat.

Statt Parmesan Gouda verwenden. Sehr gut mit Reis und Wildreis gemischt.

Nehmen Sie 2 kleine Formen (ca. 25 x 16 cm).

Für die Soße:
80 g Parmesan in Stücken
zerkleinern und umfüllen. 8 Sek. / Stufe 10

Zum Bestreuen:
1 Mozzarella (Abtropfgewicht 125 g) zerkleinern
und umfüllen. 2 Sek. / Stufe 4

Reis:
1,2 l Wasser (TM31/TM5),
1,3 l Wasser (TM6), 2 TL Salz in
den Mixtopf geben, **300 g Reis**
oder Wildreis in den Gareinsatz
wiegen und garen, den leeren
Dampfgaraufsatz aufsetzen,
damit es nicht überkocht. 30 Min. / Dampfg. / Stufe 1

In eine gefettete Auflaufform (ca. 33 x 21 cm) geben.

100 g Garflüssigkeit für die Soße beiseite stellen.

Soße:
120 g Karotten in Stücken,
3 EL Petersilie zerkleinern. 5 Sek. / Stufe 6
2 Eier, 200 g Milch, 100 g Garflüssigkeit, **150 g Sahnestreichkäse (Schmelzkäse), 1 TL Salz,**
etwas Pfeffer unterrühren. 10 Sek. / Stufe 5
Parmesan, **300 g gek. Schinken**
in Würfeln zugeben und unterrühren. ca. 5 Sek. / ↶ / Stufe 3

Soße mit Reis mischen. Mit Mozzarella bestreut backen.

Backzeit:
200°, ca. 20 - 25 Min.

Rigatoni al Forno à la Christine

Zuhause genießen wie in Bella Italia! Buon appetito!

Linkes Foto oben: 500 g Nudeln, 1 Mozzarella, rechts oben: 400 g Nudeln, 2 Mozzarella – dies ist mein Favorit.

Überbacken Sie die Rigatoni nicht, finde ich 500 g Nudeln perfekt (siehe Foto rechts).

Auf dem Foto links ist das Gericht, ohne es zu Überbacken, mit 400 g Nudeln abgebildet.

Tipp: Die Soße schmeckt auch zu Spaghetti hervorragend. Sie ist ideal zum Einfrieren und lässt sich prima Vorbereiten. Vor dem Überbacken nochmals erwärmen. Das Salz hört sich nach viel an, aber es ist genau so passend.

2 Mozzarella (Abtropfgewicht à 125 g) zerkleinern, umfüllen. 2 - 4 Sek. / Stufe 4

30 g Parmesan, 50 g Karotten zerkleinern und umfüllen. 5 Sek. / Stufe 6

Bechamelsoße:
300 g Milch, 20 g Butter, 40 g Mehl, ½ TL Salz, etwas Pfeffer, ¼ TL Muskat erhitzen und umfüllen. 4 Min. / 90° / Stufe 4

Hackfleischsoße:
2 Zwiebeln halbiert, **2 Knoblauchzehen** zerkleinern. 3 Sek. / Stufe 5
20 g Öl zugeben, dünsten. 3 Min. / Dampfg. / Stufe 1
300 g Tomaten halbiert zugeben und zerkleinern. 6 Sek. / Stufe 6
100 g TK-Erbsen (gefroren), **500 g passierte Tomaten, 30 g Tomatenmark, 50 g Milch, 3 TL Salz, ½ TL Pfeffer, ca. 1 geh. TL Paprikapulver rosenscharf, ½ TL Oregano** erhitzen. 10 Min. / 100° / ↺ / Rührstufe

400 g gem. Hackfleisch in einer Pfanne mit **Öl** braten und **100 g gek. Schinken** in Würfeln mitbraten, mit **1 gestr. TL Salz, etwas Pfeffer** würzen, **1 Glas Champignons in Scheiben (Abtropfgewicht 170 g),** gut abgetropft, sowie beide Soßen und Parmesan unterrühren.

400 g Rigatoni oder Tortiglioni nach Packungsanleitung kochen, so dass sie noch „Biss" haben. Kurz vor dem Abseihen **1 EL Fleischbrühe** unterrühren. Nudeln mit Soße vermischen, in eine gefettete Auflaufform (ca. 33 x 24 cm) oder in 2 kleine Formen (ca. 25 x 16 cm) geben. Mit **2 - 3 gekochten Eiern** in Scheiben belegen, diese leicht salzen, mit Käse bestreuen und backen.

Backzeit: 250°, ca. 8 - 10 Min. / Mit **Pfeffer** bestreuen.

Rosenkohl-Gratin

*** Vegetarier lassen das Kassler/den Schinken weg.**

Meine leckere Gemüseküche! Und schnell geht's auch noch!

Haben Sie keine Lust zu kochen, aber es sollte trotzdem selbstgemacht sein, eignet sich dieses Gratin ideal dafür. Hier lassen sich sogar Gemüsegegner, so wie mein Papa, überzeugen.

Zum Bestreuen:
100 - 150 g Emmentaler in
Stücken zerkleinern, umfüllen. 6 Sek. / Stufe 8

500 g Wasser, 1 TL Salz,
1 TL Fleisch- oder Gemüsebrühe
in den Mixtopf geben. **1 kg TK-Rosenkohl** (gefroren) im Dampfgaraufsatz und Einlegeboden verteilen,
alles aufsetzen und garen. 15 Min. / Dampfg. / Stufe 1

Garflüssigkeit auffangen! Rosenkohl, **300 g Kassler** in kleinen Würfeln in eine gefettete Auflaufform (ca. 32 x 22 cm, oval) geben.

Soße:
60 g Butter, 30 g Mehl,
250 g Milch, 250 g Garflüssigkeit, **1 TL Salz, ¼ TL Pfeffer,**
etwas Muskat erhitzen. 7 Min. / 90° / Stufe 4

Auf dem Rosenkohl verteilen, mit Käse bestreuen, backen.

Backzeit: 220°, ca. 30 Min.

Servieren Sie **Salzkartoffeln** zum Gratin. (Es schmeckt auch ohne Kartoffeln, jedoch wird es dann für 4 Personen knapp.)

Auf dem unteren Foto habe ich je 500 g TK-Rosenkohl und TK-Kaisergemüse und statt Kassler 100 g gek. Schinken in Würfeln sowie nur 100 g Emmentaler verwendet.

Rote-Beete-Fladen

*

Lassen Sie sich überraschen! Je ungewöhnlicher die Zutaten, desto besser der Geschmack! Mir ging es genauso! ...was? Das soll schmecken? Ja und wie es schmeckt! Eine weitere eigenartige, aber unsagbar leckere Version finden Sie auf S. 48.

Ich bin kein großer Fan von Rote Beete, aber hier finde ich sie richtig gut. Wer den Fladen „rasser" mag, nimmt Berg- bzw. Ziegenkäse statt Emmentaler, oder beide Sorten gemischt. Ich esse ihn am liebsten mit Emmentaler.

Teig:
330 g Dinkelmehl Type 630,
200 g Milch, 2 TL Trockenhefe,
¾ TL Salz, 40 g Öl verkneten. 2 Min. / Knetstufe

Auf einem gut gefetteten Blech (ca. 35 x 40 cm) ausrollen.

1. Belag:
100 g Emmentaler in Stücken zerkleinern. 8 Sek. / Stufe 8
200 g Schmand, 200 g Sauerrahm, 1 TL Zimt, 2 TL Salz,
½ TL Pfeffer unterrühren. 5 Sek. / Stufe 3

Auf den Teig streichen.

2. Belag:
200 g Karotten, 200 g Pastinaken (geschält gewogen), jeweils gehobelt, **2 Kugeln vorgegarte Rote Beete (ca. 250 g),** in dünnen Scheiben, **120 g Zwiebeln** gehobelt, nacheinander auf der Soße verteilen und vorbacken.
(Gemüse nicht würzen.)

Backzeit: 200°, 45 Min.

Mit **ca. 2 TL getr. Thymian bzw. Rosmarin** bestreuen (oder eine Hälfte mit Thymian, eine mit Rosmarin) und fertig backen.

Backzeit: 200°, ca. 5 Min.

Tipp: Bestreuen Sie den Fladen mit gerösteten Mandelblättchen.

Schafskäse-Schnitten

*

Feta und Oliven sorgen für würzige Aromen!

Der perfekte Partygenuss oder als Häppchen zwischendurch und auch ein tolles Abendessen mit gemischtem Salat als Beilage.

Lauwarm finde ich die Schnitten am besten.

500 g Feta in Stücken
zerkleinern und umfüllen. ca. 3 Sek. / Stufe 3 – 4

100 g Butter in Stücken,
250 g Milch, 100 g Mehl,
1 TL Salz, ¼ TL Pfeffer,
etwas Muskat erwärmen. 4 Min. / 90° / Stufe 4

Auf 50° abkühlen lassen.

450 g TK-Blätterteig 10 Min. auftauen lassen. Mit einem Nudelholz etwas ausrollen. Auf ein mit **Backpapier** belegtes Blech einen Backrahmen setzen (ca. 37 x 24 cm), die Hälfte des Blätterteigs auslegen, dabei einen kleinen Rand hochziehen.

5 Eier, 1 Eiweiß unter die
abgekühlte Masse rühren. 15 Sek. / Stufe 4

Feta und **20 schwarze, entsteinte Oliven,** in Ringe geschnitten, mit dem Spatel unterheben. Auf dem Teig verstreichen, mit restlichem Teig belegen.

1 Eigelb, 1 EL Milch verquirlen, Blätterteig einstreichen, mit **1 EL Schwarzkümmel** bestreuen und backen.

Backzeit: 200°, ca. 35 Min.

Schinken-Hackrollen

Lecker mit Hack! Hier ist wieder Schlemmen angesagt!

1 - 2 Zwiebeln gehobelt in eine gefettete Auflaufform (ca. 33 x 21 cm) geben.

100 g Feta zerkleinern
und umfüllen. 1 - 2 Sek. / Stufe 5

1 Zwiebel halbiert,
2 Knoblauchzehen
zerkleinern. 2 - 3 Sek. / Stufe 6
Mit **10 g Olivenöl** dünsten. 3 Min. / Dampfg. / Stufe 1
500 g gem. Hackfleisch,
1 Ei, 1 EL Gyrosgewürz, ½ TL Salz,
¼ TL Pfeffer, ¼ TL Cayenne-pfeffer, etwas Rosmarin,
½ TL Thymian untermischen. 30 Sek. / ↺ / Stufe 3

Hackmasse auf **300 g gek. Schinken** in Scheiben verteilen. Mit Feta bestreuen, aufrollen und in die Form legen.

Soße:
1 Knoblauchzehe zerkleinern. 2 - 3 Sek. / Stufe 10
20 g Butter, 200 g Milch,
200 g Sahne, 150 g Feta in Stücken, **¾ TL Salz, ¼ TL Pfeffer,**
¾ TL Paprikapulver edelsüß,
½ TL Paprikapulver rosenscharf,
½ TL Oregano, ½ TL Basilikum,
10 g Mehl zugeben und vermischen. 3 Sek. / Stufe 4
Anschließend erhitzen. 5 Min. / 90° / Stufe 2

Über die Röllchen gießen und backen.

Backzeit: 200°, ca. 25 Min.

Servieren Sie zu den Rollen **Reis und/oder Nudeln.**

Schinken-Mozzarella-Filet

Iss dich glücklich! Einfach unglaublich im Geschmack!

Servieren Sie zum Filet Reis/Nudeln und Gemüse/Salate nach Herzenslust. Sehr gerne esse ich Zucchini dazu, die ich in der Pfanne im Fleischsaft anbrate. Fabelhaft schmeckt auch Rosenkohl.

Braten Sie das Filet vorher nicht an, ist es medium; ich finde es angebraten besser.

Tipp: Auf den Fotos habe ich 250 g Schinken verwendet. Mit 150 g kommt der Geschmack von Filet und Käse jedoch mehr zur Geltung. Allerdings lässt es sich dann nicht komplett umwickeln, ist aber mein Favorit. Ich persönlich finde rohen Schinken noch schmackhafter.

1 Schweinefilet (ca. 600 g) in Scheiben mit **1 TL Salz, ½ TL Pfeffer** würzen, in einer Pfanne mit **Öl** von beiden Seiten kurz scharf anbraten (es muss nicht durchgebraten sein), mit **2 Mozzarella (Abtropfgewicht à 125 g)** in dünnen Scheiben belegen, jeweils mit einer Scheibe **gek. bzw. rohem Schinken (ges. 150 - 250 g; siehe Tipp links)** umwickeln, in eine gefettete Auflaufform (ca. 32 x 22 cm, oval) legen.

Soße:

1 kleine Zwiebel,	
1 Knoblauchzehe zerkleinern.	2 – 3 Sek. / Stufe 6
Mit **30 g Butter** dünsten.	3 Min. / Dampfg. / Stufe 1
100 g Tomaten in Stücken,	
150 g Milch, 50 g Wasser,	
250 g Kochsahne (7 % Fett),	
10 g Tomatenmark, 30 g Mehl,	
1 TL Zucker, 1¼ TL Salz,	
½ TL Pfeffer, ½ TL Oregano,	
½ TL Basilikum, ½ TL Gemüsebrühe zugeben, vermischen,	5 Sek. / Stufe 5
anschließend erhitzen.	5 Min. / 90° / Stufe 1

Soße über das Fleisch gießen und backen.

Backzeit: 180°, ca. 25 Min.

Schlemmerfilet mit Tomaten-Erbsenreis

*

Der absolute Schlemmer-Hit für Fisch-Fans!

800 g Kabeljaufilet mit **ca. 1¼ TL Salz, ½ TL Pfeffer** würzen, in eine gefettete Auflaufform (ca. 33 x 24 cm) legen.

3 Scheiben Toastbrot getoastet,
80 g Parmesan, jeweils in
Stücken, zerkleinern. 8 Sek. / Stufe 8
100 g weiche Butter,
1 TL Mischung „Café de Paris",
¼ TL Salz untermischen. 8 Sek. / Stufe 4

Filets bestreichen, backen. / Backzeit: 220°, ca. 30 Min.

Fortsetzung von linker Seite:

Tomaten-Erbsenreis:

1 Zwiebel halbiert zerkleinern.	2 – 3 Sek. / Stufe 6
Mit **15 g Butter, ½ TL Gewürzmischung „Café de Paris“** dünsten.	3 Min. / Dampfg. / Stufe 1
500 g passierte Tomaten, 500 g Wasser, 200 g Reis, 1½ TL Salz, ½ TL Pfeffer, ½ TL Chilisalz, 1 TL Gemüsebrühe zugeben.	15 Min. / ↶ / 100° / Stufe 1
150 g TK-Erbsen (gefroren) zugeben und fertig garen.	15 Min. / ↶ / 100° / Stufe 1

Servieren Sie statt Reis Kartoffelbrei oder Baguette bzw. Toastbrot. Die Zitrone habe ich in Öl angebraten.

Tipp: Verwenden Sie statt Butter und der Mischung „Café de Paris“ herkömmliche Kräuterbutter. Bei uns gibt es Kräuterbutter nur noch in der Variante mit der Mischung „Café de Paris“.

Schupfnudel-Auflauf

Weltklasse und so einfach und schnell zubereitet!

In Bayern heißen Schupfnudeln Stemperl.

Ideal auch für Gäste: Hierfür alles vorbereiten - auch die Auberginen, dann nur noch die Soße erwärmen, alles in die Form geben und ab in den Ofen. Oder z.B. nur eine Hälfte backen und bei Bedarf den Rest, wobei der Auflauf aufgewärmt auch super schmeckt.

Anfangs konnte ich mich nicht entscheiden, welche Variation am besten schmeckt: Mit 250 g Hackfleisch und 1 Aubergine, 150 g Hackfleisch und 2 Auberginen oder wie im Rezept angegeben, mit 150 g Hackfleisch und 1 Aubergine. Diese Variante finde ich jetzt am allerbesten. Welches wird Ihr Liebling werden?

50 g Gouda, 100 g Emmentaler, jeweils in Stücken, zerkleinern und umfüllen.

6 Sek. / Stufe 8

Soße:
1 rote Zwiebel,
150 g Lauch in Stücken,
zerkleinern. 1 – 2 Sek. / Stufe 6
Mit **30 g Öl** dünsten. 3 Min. / Dampfg. / Stufe 1
150 g gem. Hackfleisch
zugeben und dünsten. 5 Min. / Dampfg. / ↶ / Rührstufe
1 D. stückige Tomaten (400 g),
100 g Milch, 200 g Schmand, 40 g Tomatenmark, 2 TL Salz, ½ TL Pfeffer,
¾ TL Paprikapulver edelsüß,
¾ TL Paprikapulver rosenscharf
zugeben, mit dem Spatel
durchrühren, erhitzen. 5 Min. / 100° / ↶ / Rührstufe

1 Aubergine in kleinen Stücken in einer Pfanne mit **viel Öl** braten, **¾ TL Salz, etwas Pfeffer** unterrühren.

1 kg Schupfnudeln (Fertigprodukt) in eine gefettete Auflaufform (ca. 33 x 24 cm) geben, Auberginen darauf verteilen, mit Soße begießen, Hälfte Käse zugeben, alles vermischen, mit restlichem Käse bestreuen und backen.

Backzeit: 200°, ca. 35 Min.

Tipp: Für Gemüsegegner: Backen Sie eine Hälfte ohne Auberginen.

Schweinefilet gebacken

Wenn ich dieses Gericht ankündige, freuen sich wirklich alle! So richtig zum Verwöhnen, so richtig lecker und perfekt auch für Gäste!

Vielen lieben Dank an Petra Löfflad. Von ihr stammt die Idee der Rezeptzusammenstellung. Die Pfeffersoße finden Sie bereits in Band 7, jedoch ohne Bratenfond.

Zum Filet passen auch Spätzle oder Pommes.

Die Soße esse ich liebend gerne zu Spaghetti.

Tipp: Haben Sie keinen feuerfesten Topf, braten Sie das Fleisch in einer Pfanne an; das Ganze mit dem Fleischsaft in eine Bratreine oder Auflaufform umfüllen und in den Ofen stellen.

1 Schweinefilet (ca. 650 g) mit **1½ TL Salz, ½ TL Pfeffer** würzen und in einem feuerfesten Topf mit **40 g Butterschmalz** rundherum kräftig anbraten. **2 Knoblauchzehen, 2 Zweige Rosmarin** kurz mitbraten.

Topf (ohne Deckel) in den Ofen stellen und backen.

Backzeit: 160°, ca. 30 Min.

Pfeffersoße:

30 g Butter schmelzen.	1½ Min. / Dampfg. / Stufe 1
20 g Mehl unterrühren.	1 Min. / Dampfg. / Stufe 1
200 g Wasser, 40 g Weißwein, ¾ TL Gemüsebrühe, 100 g Mascarpone, 60 g Sahne, 40 g Schmand, ¾ TL Salz zugeben und kochen.	5 Min. / 100° / Stufe 3

20 g grüne Pfefferkörner mit dem Spatel unterrühren.

Filet aus dem Topf nehmen, die Pfeffersoße mit Bratenfond vermischen - schmeckt aber auch ohne Bratenfond.

Servieren Sie **Nudeln** zum Filet.

Schweinefilet im Speckmantel

Ein weiteres kulinarisches Highlight!

Das Filet harmoniert perfekt mit deftigem Speck. Partytauglich ist das Ganze auch noch. Erhöhen Sie die Menge beliebig, bereiten das Gericht vor und servieren es Ihren Gästen ganz stressfrei.

Diese Spätzle sind nicht ganz so „kernig", aber trotzdem ausgezeichnet. Die Menge lässt sich gut verdoppeln, dann den Spatel zum Verrühren verwenden.

Bereiten Sie die Spätzle ebenfalls vor und wärmen Sie diese in Salzwasser nur noch auf.

Nudeln passen auch bestens zum Filet.

1 Schweinefilet (ca. 600 g) in 3,5 cm dicken Scheiben, nicht würzen, Randseiten mit **ca. 200 g Speckscheiben** umwickeln und in eine gefettete Auflaufform (ca. 32 x 22 cm, oval) legen.

Soße:
200 g Sahne, 250 g Chilisauce (Grillsoße),
50 g Wasser vermischen. 10 Sek. / Stufe 3

Über das Filet gießen, mit Alufolie abdecken, **<u>über Nacht</u>** im Kühlschrank ziehen lassen.

Folie entfernen und backen.

Backzeit: 220°, ca. 30 - 35 Min.

Spätzle:
250 g Dinkelmehl Type 630,
250 g Magerquark, 4 Eier,
¾ TL Salz verrühren. 1 Min. / Stufe 5

Durch ein Spätzlesieb in kochendes Salzwasser drücken und ziehen lassen, danach abschöpfen.

Tipp: Rollen Sie ein paar Scheiben Speck auf und geben diese zusätzlich mit in die Form. Das schmeckt richtig lecker! (Diese Menge ist bei den 200 g nicht mit eingerechnet.)

Schweinefilet mit Champignons

Saftig, zart und durch den Speck aromatisch-würzig, Sie werden dieses Gericht lieben!

Danke an Angelika Rowald für das spitzenmäßige Rezept.

Tipp:

Für Gäste: Das Essen bereits am Vortag zubereiten, abgedeckt kühl stellen und kurz bevor Besuch kommt, in den Ofen schieben. So serviert man ganz entspannt ein tolles Essen ohne Stress. Die Menge lässt sich beliebig erhöhen.
Spätzle bereite ich ebenso gerne am Vortag zu, vor allem wenn ich Gäste erwarte. Die Spätzle nochmals in kochendes Salzwasser geben und kurz erhitzen.

1 Schweinefilet (ca. 600 g) in 2 – 3 cm dicken Scheiben mit **2 TL scharfem Senf** in einer Schüssel vermischen (das Fleisch nicht würzen) und mit **ca. 200 g Speckscheiben** komplett umwickeln. In eine gefettete Auflaufform (ca. 32 x 22 cm, oval) legen.

1 Glas Champignons in Scheiben (Abtropfgewicht 170 g), gut abgetropft, auf dem Fleisch verteilen.

Soße:
200 g Sahne, 100 g Schmand,
¾ TL Salz, ½ TL Pfeffer
vermischen. 10 Sek. / Stufe 5

Über das Fleisch gießen und backen.

Backzeit: 180°, ca. 35 - 40 Min.

Siehe auch Tipp S. 103!

Servieren Sie zum Filet Nudeln oder Spätzle (Ein Rezept finden Sie auf S. 103). **Preiselbeeren** dürfen hier auf keinen Fall fehlen!

Spargel mit Parmesancreme

*

Endlich wieder Spargel!

Hier werden sogar Fleisch-Fans schwach!

So finde ich es am besten: einfach pur genießen! Die Menge reicht dann jedoch nur für 2 Personen.

Das Gericht ist aber auch absolut traumhaft zu Gegrilltem oder Kurzgebratenem.

Soße:
150 g Parmesan in Stücken
zerkleinern. 8 Sek. / Stufe 8
1 Eigelb, 200 g Schmand,
2 TL Salz, 1 TL Zucker
vermischen und umfüllen. 10 Sek. / Stufe 4

Spargel:
500 g Wasser in den Mixtopf geben.
1 kg grünen Spargel (geschält
gewogen) im Dampfgaraufsatz
und Einlegeboden verteilen.
Alles aufsetzen und garen. 15 Min. / Dampfg. / Stufe 1

In eine gefettete Auflaufform (ca. 33 x 24 cm) geben, mit Soße begießen und backen.

Backzeit: 180°, 10 Min. Ober- und Unterhitze,
danach ca. 10 Min. 180° Grillen + Umluft

Tipp: Grünen Spargel nur im unteren Drittel schälen. Legen Sie den Spargel kreuzweise in den Dampfgaraufsatz!

Spargel-Flammkuchen

Schlemmerei mit Köpfchen!

Dieser Flammkuchen ist ratz-fatz zubereitet. Jedoch ist die Hälfte des Bleches genauso ratz-fatz aufgegessen, und zwar durch mich alleine, also für 4 Personen sehr knapp!

Ideal als Vorspeise bzw. Snack zwischendurch.

Tipp:	Beim grünen Spargel nur das untere Drittel schälen.

Teig:
200 g Mehl, ¼ TL Salz, 20 g Öl, 120 g kaltes Wasser verkneten. 2 Min. / Knetstufe

Auf einem gefetteten Blech (ca. 35 x 40 cm) nicht komplett bis zum Rand ausrollen; siehe Foto unten.

Belag:
200 g Crème fraîche auf dem Teig verstreichen. Mit **½ TL Salz, ¼ TL Pfeffer** bestreuen.

200 g Speckstreifen darauf verteilen, **je 8 grüne und weiße Spargelstangen (ges. ca. 600 - 700 g)** schälen, schräg in Scheiben schneiden, roh auf dem Belag verteilen und backen.

Backzeit: 250°, ca. 18 - 22 Min.

Mit **frisch gemahlenem Pfeffer** bestreuen, evtl. nachsalzen, je nach Würze des Specks.

Tipp: Der Belag zieht sich beim Backen etwas zusammen; einfach mit einer Gabel wieder nach außen schieben.

Spargel-Flammkuchen Tomate-Feta

*** Vegetarier lassen den Schinken weg (siehe Foto unten, linke Hälfte).**

Spargel, das edle Gemüse von der Stange!

Teig:
200 g Mehl, ¼ TL Salz,
20 g Öl, 120 g kaltes
Wasser verkneten. 2 Min. / Knetstufe

Auf einem gefetteten Blech (ca. 35 x 40 cm) nicht komplett bis zum Rand ausrollen (siehe Foto unten).

Belag:
200 g Crème fraîche auf dem Teig verstreichen und mit **½ TL Salz, ¼ TL Pfeffer** bestreuen.

3 Lauchzwiebeln in Ringen, **200 g Tomaten** in dünnen Scheiben auf dem Teig verteilen. Tomaten leicht **salzen.**

8 grüne Spargelstangen (ca. 300 g, geschält gewogen; nur das untere Drittel schälen), schräg in Scheiben geschnitten, roh auf dem Belag verteilen. **100 g Feta** darüberbröseln und backen.

Backzeit: 250°, ca. 18 - 22 Min.

Mit **100 g Seranoschinken** belegen.

Mit viel **frisch gemahlenem Pfeffer** bestreuen und nach Belieben mit **Chiliflocken** würzen.

Speck-Krautkrapfen

Darf es heute mal deftig sein? Herrlich! Diese Krapfen lieben ausnahmslos alle! Sie sind warm und kalt ein Gaumenschmaus.

Reichen Sie das Kraut mit Speck zu Bauernwürste, Schupfnudeln oder Schweinswürstl.

Teig:
400 g Dinkelmehl Type 630 oder Weizenmehl Type 405, 1 Ei, 60 g Öl, 130 g lauwarmes Wasser, 10 g Essig, ½ TL Salz verkneten. 2 Min. / Knetstufe

Abgedeckt ruhen lassen, bis die Füllung fertig ist.

Fortsetzung von linker Seite:

Füllung:

2 Zwiebeln halbiert zerkleinern. 1 – 2 Sek. / Stufe 6

30 g Öl, 250 g rohe Schinken- oder Speckwürfel zugeben, dünsten. 3 Min. / Dampfg. / Stufe 1

Messbecher abnehmen, dünsten. 3 Min. / Dampfg. / Stufe 1

500 g Sauerkraut, 100 g Wasser, ¾ TL Salz, ½ TL Pfeffer, ½ TL Zucker, 10 g Fleischbrühe zugeben, köcheln lassen, den Messbecher dabei nicht aufsetzen. 15 Min. / 90° / ↶ / Stufe 1

Abtropfen, auf einer Platte verteilen, 10 – 15 Min. abkühlen.

Teig ausrollen (ca. 35 x 45 cm), Kraut darauf verteilen, von der Längsseite her aufrollen, in 5,5 cm dicke Stücke schneiden und in eine Auflaufform (ca. 25 x 17 cm) mit Deckel oder in einen Bräter dicht nebeneinander setzen. Mit **50 g rohen Schinken- oder Speckwürfeln** bestreuen; auf den Krapfen und in der Form verteilen.

So viel **heißes Wasser** angießen, dass die Krapfen 2 – 3 cm hoch darin stehen **(ca. 200 ml).** Abdecken und vorbacken.

Backzeit: 200°, ca. 20 Min.

Deckel abnehmen und in weiteren 45 Min. fertig backen.

Achtung: Die Krapfen mehrmals mit insgesamt **30 g zerlassener Butter** beträufeln.

Siehe Tipps auf S. 127!

Süßkartoffelgratin asiatisch mit Hähnchen

*** Das Gratin schmeckt auch mit Salat super.**

Sie haben ja wirklich keine Ahnung, wie unsagbar fein und lecker es schmeckt!

Süßkartoffelgratin:
1 geh. TL Honig,
40 g Butter schmelzen. 2 Min. / Dampfg. / Stufe 1
40 g Olivenöl, 2 TL Salz
untermischen. 10 Sek. / Stufe 3

1 kg Süßkartoffeln (geschält gewogen; **Gewicht mit Schale: ca. 1,3 kg)** hobeln, in eine nicht gefettete Auflaufform (ca. 33 x 24 cm) geben und mit der Butter-Öl-Mischung gut vermengen.

Fortsetzung von linker Seite:

Soße:
1 D. Kokosmilch (400 ml), 50 g Milch, 70 g süße Chilisauce (Fertigprodukt), 200 g Crème fraîche, ¾ TL Salz, 2 – 3 geh. EL frischen Koriander gehackt, **½ TL getr. Koriander** erhitzen. 5 Min. / 90° / Stufe 1

Soße über die Kartoffeln gießen und backen.

Backzeit: 180°, ca. 70 Min.

600 g Hähnchenfilet in Würfeln mit **1½ - 2 TL Salz, etwas Pfeffer, 4 EL süße Chilisauce** vermischen, so lange ziehen lassen, bis das Gratin fast fertig ist. In einer Pfanne ohne Öl scharf anbraten.

Auf dem linken Foto hatte ich nur 2 EL Chilisauce, aber je mehr, desto besser. Das Fleisch passt auch prima zu gemischtem Salat oder Kohlrabi. Dafür 300 g Wasser in den Mixtopf füllen, Kohlrabistifte salzen, in den Gareinsatz geben und garen. 10 – 15 Min. / Dampfg. / Stufe 1

Tipp: Kohlrabiblätter enthalten doppelt so viel Vitamin C wie die Knolle. Diese einfach in Streifen geschnitten mitgaren.

Thunfisch-Nudelauflauf

*

Der absolute Hit für Thunfisch-Fans!

...weil Essen das Leben schöner macht!

Der TM nimmt Ihnen auch hier die meiste Arbeit ab. Ab in den Backofen und nach kurzer Zeit können Sie den Auflauf schon genießen!

Bereiten Sie ihn mit 300 g Reis statt Nudeln zu.

350 g Barilla Maccheroni n.44 (Kochzeit 7 Min.) 5 Min. in Salzwasser kochen und abgetropft in eine gefettete Auflaufform (ca. 33 x 24 cm) geben.

Zum Bestreuen:
100 g Emmentaler in Stücken
zerkleinern und umfüllen. 5 Sek. / Stufe 8

Soße:
1 große Zwiebel halbiert,
2 Knoblauchzehen zerkleinern. 2 – 3 Sek. / Stufe 6
Mit 10 g abgetropftem
Thunfisch-Öl dünsten. 3 Min. / Dampfg. / Stufe 1
450 g Tomaten in Würfeln,
1 D. Erbsen (Abtropfgewicht 280 g),
2 D. Thunfisch in Öl (à 185 g), abgetropft, **200 g Sahne, 250 g Milch, 2½ TL Salz, ½ TL Pfeffer, 1 TL Gemüsebrühe, ½ TL Oregano, ½ TL Chiliflocken, 20 g Speisestärke (mit 30 g kaltem Wasser verrührt)** zugeben, erhitzen. 8 Min. / 90° / ↶ / Stufe 1
40 g Tomatenmark
unterrühren. 2 Min. / 90° / ↶ / Stufe 1

Mit Nudeln vermischen, mit Käse bestreuen und backen.

Backzeit: 180°, ca. 30 - 35 Min.

Mit **frisch gemahlenem Pfeffer** servieren.

Tortellini-Nudel-Gratin

*** Vegetarier lassen den Schinken weg.**

Lecker-schmecker, ein cremiger Auflauf, cremiger, als er auf dem Foto aussieht ☺ und unsagbar fein im Geschmack! Tortellini und Nudeln im Auflauf sind einfach nicht zu toppen!

Bereiten Sie wahlweise eine Hälfte mit, eine ohne Schinken sowie eine mit Emmentaler (mein Favorit) und eine mit Pecorino zu (Foto rechts).

Also diese Soße ist wie „verhext", sie brennt ab und zu im Topf ein bisschen an; ich kann es mir nicht erklären warum, sollte es bei Ihnen auch so sein, in den leeren Topf ein Spülmaschinentab und heißes Wasser geben, einwirken lassen, so löst sich das Angebrannte gut.

Zum Bestreuen:
150 g Emmentaler oder Pecorino
in Stücken zerkleinern, umfüllen. 6 Sek. / Stufe 8

Soße:
1 Bund Frühlingszwiebeln
in Stücken zerkleinern. 1 – 2 Sek / Stufe 6
Mit **30 g Öl** dünsten. 3 Min. / Dampfg. / Stufe 1
**1 D. stückige Tomaten (400 g),
800 g Milch, 250 g Mascarpone,
je 100 g Paprikaschoten rot und gelb,**
in Würfeln, **10 g Gemüse- oder Fleisch-brühe, 3 TL Salz, ½ TL Pfeffer,
½ TL Oregano, ½ TL Pizzagewürz,
½ TL Basilikum, ¾ TL Cayenne-pfeffer** erhitzen. 8 - 10 Min. / 90° / ↶ / Stufe 2

250 g rohe Tortellini getrocknet mit Ricotta und Spinat, 250 g rohe Hörnchennudeln (Kochzeit jeweils 8 – 10 Min.), 1 Glas Champignons in Scheiben (Abtropfgewicht 170 g), gut abgetropft, **200 g gek. Schinken** in Würfeln in eine gefettete Auflaufform (ca. 33 x 24 cm) geben.

Mit Soße begießen, vermischen, darauf achten, dass die Nudeln mit Soße bedeckt sind, mit Käse bestreuen, backen.

Backzeit: 200°, ca. 40 Min.

Würstchen-Reis-Auflauf

*** Und nicht nur für Vegetarier… lassen Sie die Würstchen auch für Fleischesser weg.**

Schmeckt einzigartig! Der absolute Traum, hier können Sie gar nicht genug davon bekommen!

Foto oben: mit Raclettekäse; Foto unten: mit 50 g Gouda, 150 g Emmentaler sowie Käsekrainer statt Wiener; diese jedoch nicht anbraten.

Zum Bestreuen:
150 - 200 g Raclettekäse
zerkleinern und umfüllen. 3 Sek. / Stufe 6

1 große Zwiebel halbiert,
250 g Karotten in Stücken
zerkleinern und umfüllen. 1 - 2 Sek. / Stufe 6

Reis:
1,2 l Wasser (TM31/TM5),
1,3 l Wasser (TM6), 2 TL Salz
in den Mixtopf geben, **250 g Reis**
in den Gareinsatz wiegen und
kochen, den leeren Dampfgaraufsatz aufsetzen,
damit es nicht überkocht. 30 Min. / Dampfg. / Stufe 1

Zwiebel-Karottengemisch in einer Pfanne mit **30 g Butter** anbraten, **250 g braune Champignons** in Scheiben mitdünsten. In einer weiteren Pfanne **8 Wiener** in 1 cm Stücken mit **10 g Butter** scharf anbraten und zum Gemüse geben.

400 g Milch, 250 g Kochsahne (7 %), ca. 2½ TL Salz, ½ TL Pfeffer, 1 TL Thymian, 1 TL Paprikapulver edelsüß, ¼ TL Paprikapulver rosenscharf, 10 g Mehl (mit 30 g kaltem Wasser verrührt) unterrühren und ein paar Min. köcheln lassen.

Reis in eine gefettete Auflaufform (ca. 33 x 24 cm) geben. Soße unterrühren, mit Käse bestreuen und backen.

Backzeit: 200°, ca. 25 Min.

Tipp: Servieren Sie den Reis mit Soße, ohne diesen zu überbacken, das schmeckt auch erstklassig.

Zucchini-Hack-Auflauf

Ein dampfender Auflauf auf dem Teller macht satt und glücklich!

Servieren Sie **geröstetes Baguette** zum Auflauf.

Ich persönlich esse ihn am liebsten ohne Brot. Es passt auch Reis dazu.

Tipp: Mit diesen Cayennepfeffer-Angaben wird das Gericht leicht scharf. Nehmen Sie alternativ für die Hackmasse nur ½ TL und für die Soße ¼ TL.

Hackmasse:
1 – 2 Zwiebeln halbiert,
1 Knoblauchzehe zerkleinern. 2 – 3 Sek. / Stufe 6
Mit **20 g Öl** dünsten. 3 Min. / Dampfg. / Stufe 1
500 g gem. Hackfleisch, 2 Eier, 2 TL Salz, ½ TL Pfeffer, ¾ TL Cayennepfeffer, ½ TL Koriander, 1 geh. TL Paprikapulver edelsüß untermischen. ca. 15 Sek. / ↺ / Stufe 3

In eine gefettete Auflaufform (ca. 28 x 20 cm) streichen.

Belag:
500 g Wasser in den Mixtopf gießen, **200 g Paprikaschoten bunt, 500 g Zucchini (ohne Kerne),** jeweils in Würfeln, im Dampfgaraufsatz verteilen und garen. 15 Min. / Dampfg. / Stufe 1

200 g Tomaten in Würfeln zugeben, mit **1 TL Salz, ¼ TL Pfeffer** würzen und auf dem Hack verteilen.

Soße:
3 Eier, ¼ TL Pfeffer, 1 TL Salz, ¾ TL Koriander, ½ TL Cayennepfeffer, 200 g Sauerrahm, 200 g Schmand vermischen. 10 Sek. / Stufe 4

Auf dem Gemüse verteilen und backen.

Backzeit: 180°, ca. 25 - 30 Min.

Zucchinirollen in Tomatensoße

* Vegetarier lassen den Schinken weg.

Viel, viel mehr als einfach nur lecker! Hier kann man nicht mehr aufhören zu essen!

Reichen Sie Nudeln, Reis, Nudelreis oder Baguette dazu. Essen Sie die Rollen pur, so wie ich, wird es für 4 Personen etwas knapp.

800 g Zucchini mit einem Hobel längs in 5 mm dicke Scheiben schneiden (ca. 26 Stück), auf der Arbeitsplatte auslegen, mit **1 gestr. TL Salz, etwas Pfeffer** würzen, mit **300 g gek. Schinken, 250 g Gouda,** jeweils in Scheiben, belegen, aufrollen, in eine gefettete Auflaufform (ca. 33 x 24 cm) legen.

Fortsetzung von linker Seite:

100 g Gouda in Stücken
zerkleinern und umfüllen. 5 Sek. / Stufe 8

Soße:
1 Zwiebel halbiert, **2 Knoblauchzehen** zerkleinern. 2 – 3 Sek. / Stufe 6
Mit **20 g Öl** dünsten. 3 Min. / Dampfg. / Stufe 1
**50 g Tomatenmark,
150 g Wasser, 200 g Sahne,
½ TL Salz, etwas Pfeffer,
1 TL Gemüsebrühe, 1 TL Kräuter der Provence, ½ TL Thymian,
½ TL Basilikum, 1 geh. TL Speisestärke** zugeben, erhitzen. 5 Min. / 100° / Stufe 1

Soße über die Rollen gießen, mit Gouda bestreuen und backen.

Den Ofen nicht vorheizen!

Backzeit: 200° (Umluft),
ca. 25 Min.

Tipp:

Nicht wundern, manchmal wird die Form nicht ganz voll, was an der Größe der Zucchini liegt.
Nehmen Sie zum Bestreuen statt Gouda Mozzarella oder mischen Sie beide Käsesorten, das finde ich am allerbesten. Mit Ziegenkäse gefüllt schmecken die Zucchini auch sehr gut, aber ich finde sie mit Gouda noch besser. Testen Sie einfach alle Varianten. Füllen und bestreuen Sie die Röllchen unterschiedlich. Möchten Sie Kalorien sparen, lassen Sie den Käse zum Bestreuen ersatzlos weg.

Zwiebelkuchen auf die Schnelle

Der Herbst lässt grüßen! Und nicht nur im Herbst, Zwiebelkuchen schmeckt zu jeder Jahreszeit!

Schnell gemacht und noch schneller gegessen!

Ich liebe diesen Kuchen! Am besten heiß aus dem Backofen genießen.

Dieses Rezept sowie die Gemüsequiche (S. 20) habe ich von einer sehr lieben Freundin, die hier aber nicht genannt werden möchte.

150 g Emmentaler in Stücken
zerkleinern und umfüllen. 5 Sek. / Stufe 8

500 g Zwiebeln halbiert
zerkleinern und umfüllen. 1 - 2 Sek. / Stufe 6

60 g Margarine,
3 Eier verrühren. 30 Sek. / Stufe 5
150 g rohe Schinken- oder Speckwürfel, 60 g Dinkelmehl Type 630, 1/8 TL gem. Kümmel, Zwiebeln, Käse, kein Salz, unterrühren. 10 Sek. / ↺ / Stufe 4

In eine gefettete Springform (26 cm Ø) füllen und backen.

Backzeit: 180°, ca. 55 Min.

Aus Platzgründen hier die Tipps von **S. 112!**

Ideal zum Vorbereiten: Kraut/Teig bereits am Vortag herstellen, Kraut abtropfen lassen, Teig in eine Frischhaltefolie wickeln, beides kühl stellen. Bei der Weiterverarbeitung muss der Teig Zimmertemperatur haben sowie das Kraut lauwarm sein.

Ideal auch zum Einfrieren. Zum Aufwärmen aufgetaut in eine Pfanne mit Butter geben, bei mittlerer Hitze langsam erwärmen. Oder in kleine Stücke schneiden und in der Pfanne braten, so mag ich es am allerliebsten.

Ich nehme gerne „magere" Speckwürfel; zum Bestreuen eignen sich jedoch die „fetten" besser.

Mein Lieblingsstrudelteig – für süße und herzhafte Gerichte.

Mein Favorit:
Gießen Sie statt Wasser je 200 g heiße Sahne und Milch dazu. Die Form jedoch etwas größer wählen (ca. 32 x 22 cm, oval), so dass die Flüssigkeit nicht überkocht.

Rezeptverzeichnis: **(Rezepte mit * sind auch für Vegetarier bzw. können vegetarisch zubereitet werden.)**

Rezeptverzeichnis: **(Rezepte mit * sind auch für Vegetarier bzw. können vegetarisch zubereitet werden.)**

Rezeptverzeichnis: **(Rezepte mit * sind auch für Vegetarier bzw. können vegetarisch zubereitet werden.)**

Weitere Fotos, das komplette Inhaltsverzeichnis
und Bestellmöglichkeit in meinem Onlineshop:
www.christines-rezepte.de

Apfel-Eier-likörkuchen B.1

Blitzkäse-kuchen B.1

Brownies B.1

Heißer Butter-kuchen B.1

Kartoffel-kuchen B.1

Kirsch-Marzipan-kuchen B.1

Mohnkuchen Martina B.1

Sacher-schnitten B.1

Ananas-Kokostorte B.2

Birnen-Sekt-kuchen B.2

Himbeer-Frisch-käse-Torte B.2

Johannisbeer-Zupfkuchen B.2

Maracuja-Käsesahne B.2

Mohn-Pudding-kuchen B.2

Obstgarten-Torte B.2

Zimt-Mandarinen-schnitten B.2

Amaretto-Kuppeltorte B.3

Eierlikör-Käsesahne B.3

Erdbeer-Kokos-Torte B.3

Krümeltorte B.3

Latte-Macchiato-Torte B.3

Quarkmäuse B.3

Tiramisu-Schnitten B.3

Zitronen-Keks-Schnitten B.3

Knusperstangen B.4

Kokoswürfel B.4

Marzipan-Wal-nuss-Pralinen B.4

Stollen-plätzchen B.4

Walnuss-häppchen B.4

Zimtkugeln B.4

Zitronen-Schoko-kugeln B.4

Brie-Preisel-beer-Creme B.5

Dinkel-Roggenbrot B.5

Käsestangen u. -baguettes B.5

Käse-Tatar B.5

Rucola-Aufstriche B.5

Walnussbrot B.5

Zucchinibrot Tomatenb. B.5

Champignon-Torte B.6

Flammkuchen mit Lachs B.6

Käseplätzchen B.6

Krautsalat auf Vorrat B.6

Partyzopf B.6

Rahmfleckerl B.6

Ruck-Zuck-Hörnchen B.6

Schinken-Käse-Zupfkuchen B.6

Chinasuppe B.7

Gulasch B.7

Kürbis-Kartoffel-Topf B.7

Nudelauflauf mex. B.7

Paprikaschnitzel mit Reis B.7

Riebelesuppe B.7

Sauerkraut mit Kassler B.7

Spargelauflauf italienisch B.7

Bananen chinesisch B.8

Dampfnudeln B.8

Hefeplätzchen B.8

Kirschlasagne B.8

Pfannkuchen in der Reine B.8

Brokkolicreme-suppe B.9

Filettöpfchen überbacken B.9

Grünkern-pflanzerl B.9

Kohlrabi-Kar-toffelsuppe B.9

Lebernockerl, Leberspätzle B.9

Reistaler mit Currysoße B.9

Spargel asiatisch B.9

Chia-Kidneytaler B.10

Falafel mit Joghurt-Dip B.10

Fladenbrot B.10

Indischer Basmatireis B.10

Kas-Press-Knödel B.10

Linsen-Burger mit Dip B.10

Quinoa mit Auberginen B.10

Spargel-Toma-tenpfanne B.10

Spinat-Zitronen-Nudelnester B.10

Basilik.-Tomaten-Zupfbrot B.11

Brotpizza B.11

Kürbis-Flamm-kuchen B.11

Meerrettich-Lachstaler B.11

Nudelsalat mit Rucola B.11

Ofenpfannk. mit Lachs B.11

Ofen-Schnitzel B.11

Pinguine B.11

Tortellini-Salat B.11

Milchbrötchen B.12

Baba Ganoush B.12

Pfirsich-Maracuja-Torte B.12

Beeren-Smoothie B.12

Entenbrust B.12

Mango-Mascar-pone-Creme B.12

Tonkabohnen-likör B.12

Marmorkuchen fünferlei B.12

Granola B.12

Zucchini-Camem-bert-Kuchen B.12

Hähnch. Orangen Sojasoße B.12

Hefezopf B.12

Honignüsse B.12

Katzenleckerlis B.12

Badepralinen B.12

Bolognese-Soße m. Karotten KE1

Brokkoli-Cham-pignonsoße KE1

Carbonara-Soße KE1

Champignon-Erbsensoße KE1

Kürbispesto KE1

Pestonudeln italienisch KE1

Steinpilz-To-matensoße KE1

Weiße Bolognese-Soße KE1

Blumenkohl-suppen KE2

Brühe m. Gemüse Huhn, Rind KE2

Erbsen-Speck-eintopf KE2

Kartoffelgulasch m. Wiener KE2

Minestrone KE2

Pilzklößchen-suppe KE2

Reis-Paprikatopf m. Bohnen KE2

Süßkartoffel-suppen KE2

Weitere Bücher aus dieser Reihe:

Im Onlineshop finden Sie das komplette Inhaltsverzeichnis, viele Fotos zu den Gerichten sowie Musterrezepte.

www.christines-rezepte.de